历史丢失的真相

李博 主编

中国书籍出版社

图书在版编目（CIP）数据

历史丢失的真相 / 李博主编 . -- 北京：中国书籍出版社，2025.5. -- ISBN 978-7-5241-0022-5

Ⅰ．K209

中国国家版本馆 CIP 数据核字第 2024S9Y245 号

历史丢失的真相

李博 主编

责任编辑：	毕　磊
责任印制：	孙马飞　马　芝
封面设计：	阳春白雪
出版发行：	中国书籍出版社
地　　址：	北京市丰台区三路居路 97 号（邮编：100073）
电　　话：	（010）52257143（总编室）　（010）52257153（发行部）
电子邮箱：	chinabp@vip.sina.con
经　　销：	全国新华书店
印　　刷：	唐山楠萍印务有限公司
开　　本：	880 毫米 × 1230 毫米　　1/32
字　　数：	161 千字
印　　张：	7
版　　次：	2025 年 5 月第 1 版　2025 年 5 月第 1 次印刷
书　　号：	ISBN 978-7-5241-0022-5
定　　价：	42.00 元

版权所有　翻印必究

前言

历史的长河曲折蜿蜒，奔流不息，见证了朝代的兴衰更迭，承载了岁月的沧桑与变迁，也沉淀下不胜枚举的万千往事。那些悠悠往事，或关于王侯将相，或关于烽火战争，或关于国仇家恨，或关于百姓民生，或关于发明创造，或关于诗词歌赋……翻阅一本本历史的书籍，我们仿佛在聆听古人动听的讲述，也在头脑中"复活"着一段段铭心的故事。

然而，在历史的书卷里，总会留下些许残页，导致我们无法用绝对的真实去覆盖五千年的漫长进程。那些丢失的真相，让我们陷入了迷茫和猜想，太多的真与假、是与非时常在我们的脑海中交织着，勾起我们对真相的诸多疑惑。要知道，记录历史的人绝不是站在公正的视角，他们多站在官家的高度去俯瞰、去褒贬、去取舍，而最终冠以正史的名号。

面对历史，我们要有敬畏之心，也要力争去找寻真实，找回种种丢失的真相，而绝不是书云亦云。为了让读者了解中国历史上的疑案、谜题和内幕，我们找寻了大量被人遗忘、扭曲、误读的历史资料，去伪存真，去芜取菁，精心编著了《历史丢失的真相》一书。全书共分为"吹散的浮尘，蹊跷的死因""史家的笔墨，写不清忠与罪""当真实遇上假象，谁才是主角""尘埃落定的故事，出人意料的人物""命运的褶皱，隐藏着怎样的无奈""捡拾战争的碎片，拼接事件的真相""宫廷之事，是蓄谋，还是另有隐情""与清醒作对的帝王们""正名，不是一件容易的事""随真相丢失的国宝"等十个篇章。本书从宏观上把握历史，从细微处找寻真相，以多样化的视角展现中华五千年来历史的别样风貌。

在编著本书的过程中，我们查阅和参考了众多的权威历史文献和资料，包括《史记》《汉书》《三国志》《晋书》《旧唐书》《宋史》《资治通鉴》《大金国志》《明史》《明史纪事本末》《清圣祖实录》等，以确保尊重历史、还原历史的本原面貌，同时也引用了一些野史的内容，增添了本书阅读的趣味。

书中内容以人们最关注的历史疑案、谜题为关注点，立足独立思考，并进行大胆质疑，从全新的角度去看待旧的问题，运用历史逻辑对客观历史进行解构与重塑，以补充那些残缺的历史。这不但给读者提供了全面的历史知识，而且也给人们带来思想上的冲击和震撼，引发我们对于真实历史的探究和思考。

漫长的历史进程，丢失了太多的真相。我们需要去找寻、去探索、去弥补，以期最终达到接近历史的真实面目。

目 录

第一章 吹散的浮尘，蹊跷的死因

韩非
　　　　　生不逢时的悲公子　　　　　　　　　/ 1

秦始皇
　　　　　当幻想走向最终破灭　　　　　　　　/ 6

霍去病
　　　　　英年早逝是谁之过　　　　　　　　　/ 11

东晋孝武帝
　　　　　"魇崩"是个牵强的说辞　　　　　　　/ 17

赵匡胤
　　　　　透着诡异的烛影斧声　　　　　　　　/ 22

岳飞
　　　　　忠良蒙难，到底谁才是元凶　　　　　/ 27

戚继光
　　　　　斩子或许只是个悲伤的故事　　　　　/ 32

· 1 ·

第二章　史家的笔墨，写不清忠与罪

韩信
　　倒在人生的巅峰时刻　　　　　　　　　　/ 38

晁错
　　"清君侧"没有那么简单　　　　　　　　/ 43

于谦
　　风口浪尖上的忠诚之悲　　　　　　　　/ 48

袁崇焕
　　名将惨死，或许才是悲剧的开始　　　　/ 52

鳌拜
　　满洲第一勇士的起与落　　　　　　　　/ 57

第三章　当真实遇上假象，谁才是主角

秦晋之好
　　并不是真的好　　　　　　　　　　　　/ 62

单刀赴会
　　被颠倒的两个主角　　　　　　　　　　/ 66

武则天
　　杀女并非一个定论　　　　　　　　　　/ 71

杨家将
　　满门忠烈的虚虚实实　　　　　　　　　/ 75

狸猫换太子
///////// 真实的情感，虚构的传说　　　　　　　　　/ 79

郑和
///////// "海上丝绸之路"开拓的背后　　　　　　　　/ 83

独臂神尼
///////// 书中的功夫侠，书外的弱女子　　　　　　　/ 88

第四章　尘埃落定的故事，出人意料的人物

孔子
///////// 乃是文武双全的奇才　　　　　　　　　　　/ 92

蔡伦
///////// 活在阴暗中的宦官　　　　　　　　　　　　/ 96

李清照
///////// 玩得转赌博的女词人　　　　　　　　　　　/ 100

海瑞
///////// 犯龙颜，还能保身的秘密　　　　　　　　　/ 104

第五章　命运的褶皱，隐藏着怎样的无奈

唐伯虎
///////// "被科考作弊"的风流才子　　　　　　　　/ 108

李昉
///////// 跳进黄河也洗不清　　　　　　　　　　　　/ 112

◇历史丢失的真相

苏轼
　　　　乌台诗案：一个文人的黑暗时刻　　　　／116

沈万三
　　　　在明史中"复活"的人　　　　／121

第六章　捡拾战争的碎片，拼接事件的真相

巨毋霸
　　　　活在迷雾中的战场巨人　　　　／125

关羽
　　　　败走麦城是意外还是意料　　　　／128

瓦岗军
　　　　面对隋军时的"虎头"与"蛇尾"　　　　／133

忽必烈
　　　　东征日本失败是源于偶然的"神风"吗　　　　／136

第七章　宫廷之事，是蓄谋，还是另有隐情

玄武门之变
　　　　看得见的残杀，看不见的蓄谋　　　　／139

唐宣宗
　　　　装疯卖傻，从"影帝"到皇帝　　　　／144

柔福帝姬
　　　　结局成谜的悲情公主　　　　／147

· 4 ·

挺击案
///////// 谁才是最终的始作俑者　　　　　　　/ 152

崇祯帝
///////// 死也不南迁或另有隐情　　　　　　　/ 156

第八章　与清醒作对的帝王们

晋景公
///////// 于粪池里溺死的国君　　　　　　　　/ 160

汉文帝
///////// 不问苍天问鬼神　　　　　　　　　　/ 165

苻坚
///////// 当帝王迷上一个男宠　　　　　　　　/ 168

宋徽宗
///////// 不爱黄袍爱道袍　　　　　　　　　　/ 172

明朝公主
///////// 屡遭骗婚的历史奇闻　　　　　　　　/ 176

第九章　正名，不是一件容易的事

刘禅
///////// 并非"扶不起来的阿斗"　　　　　　/ 180

周瑜
　　一个被抹黑的文武之才　　　　　　　　　/ 183

武大郎与潘金莲
　　被恶意丑化的恩爱夫妻　　　　　　　　　/ 187

潘仁美
　　难以翻盘的千年之冤　　　　　　　　　　/ 191

第十章　随真相丢失的国宝

"北京人"化石
　　难寻踪迹的国宝　　　　　　　　　　　　/ 194

传国玉玺
　　千古一璧能否重见天日　　　　　　　　　/ 199

敦煌莫高窟
　　瑰宝之地的苦难之旅　　　　　　　　　　/ 204

"昭陵六骏"
　　珍贵石雕惨遭偷盗与"碎尸"　　　　　　 / 210

第一章　吹散的浮尘，蹊跷的死因

韩非

生不逢时的悲公子

在人生的天平上，他的才华很重，而命运很轻，宗室贵族的身份没能为他提供庇护，笔下生花的学识没能让他逆天改命。他是一个时代的标志性人物，也是一个时代的悲情典型。当他不明不白地死去，留给尘世的是一片猜疑的空白。

一直以来，韩非之死都是众说纷纭，但其中最著名的是史籍上的两种说法。一种认为，韩非是因为同门师兄李斯出于妒忌将其杀害；一种则认为，韩非之所以不得善终，是因为他向秦王进了姚贾的谗言，结果害人不成，反而赔了自己的性命。不管哪种说法，韩非的死始终有着疑惑的身影。

韩非与李斯是同门，两人一个善于撰述理论，是理论家，一个善于政治谋划，是政治家，都是法家的集大成者。但这两个法家人物的老师却都是战国时代的最后一位大儒——荀子。

韩、李两人同在荀子门下求教，朝夕相对，对彼此的身世、才能和缺点都非常了解。李斯是楚国上蔡人，早年只做了一名小吏，他发现，厕所里的老鼠瘦骨伶仃，见人就跑；而仓库里的老鼠却脑满肠肥，人来了也大摇大摆，丝毫不"怯场"，于是发出感叹："人之贤不肖，譬如鼠矣，在所自处耳！"奋发之心溢于言表。

韩非出身于韩国宗室，自幼养尊处优，聪颖而饱读诗书，唯一可惜的就是天生的口吃，说起话来磕磕绊绊，所以即使在道理上清楚明白，可总是让人感觉底气不足，没有说服力。好点的是，韩非嘴上不行，笔下却生花放彩，他想象无穷，尤其善于以寓言的形式讲述复杂深奥的道理，且文风雄健，汪洋肆恣，读来鼓荡人心。先秦诸子里，除了庄子能在文章上与他一较高下之外，其他人根本不是对手。李斯把这一切都看在眼里，他对这位同门师弟既佩服，又有些恐惧。

韩国本是小国，且经年积弱，到了战国末年，它已经成了

第一章 吹散的浮尘，蹊跷的死因

七雄里的末流国家。韩非学成之后，满怀一腔报国之志回到了故乡韩国。当他看着祖国江河日下的情势，心急如焚，于是多次上书韩王，希望他能采纳自己的"法、术、势"相结合的治国理念，让韩国强大起来，重新光耀祖先的威名。不过，韩王和他的国家一样，已经到了"虚不受补"的膏肓阶段，把韩非的金玉良言都当成了驴鸣狗吠。韩非无奈之下，将满怀的忧愤都倾注笔端，写下了《孤愤》《五蠹》《说难》等旷世名篇，共计有10万多字。先秦经典中，《老子》只有几千字，《论语》不过一万多字，所以韩非的著述，在当时可谓是"长篇巨著"。

墙里开花墙外香，这些韩王看不入眼的"废话"，却被将来统一天下的盖世雄主秦王嬴政看到了，他手不释卷，日系揣摩，看到精彩处忍不住击节赞赏，渐渐地爱屋及乌，对韩非这个人也"思念"起来。他常常对侍从说："若能与韩非先生一起散步，纵论天下，哪怕叫我立时死去，也心甘情愿。"而那时，李斯早已凭着自己灵敏的政治嗅觉来到了秦国，并经由吕不韦的推荐，慢慢地做到了秦国的高官，也备受秦王嬴政的尊敬和倚重。

秦王嬴政思之切、求之难的心情，此时被李斯瞧见了，李斯便向秦王嬴政讲述了韩非的身世。秦王嬴政得知韩非是韩国公子以后，便下令发动大军攻打韩国，他的目的只有一个：让韩王送韩非赴秦，与秦王相见。因一个人而发动一场战争，可以想见韩非的魅力。

闻名不如见面,韩非果然没让秦王嬴政失望,他与秦王卧膝长谈了几个昼夜,说得秦王时而深思,时而大笑,完全不知疲倦。韩非虽然口吃,但秦王嬴政丝毫不在乎。他在和韩非交谈后,还对这个口吃的韩国公子产生了更大的兴趣。在他心里,韩非绝对是一个能力出众的人。

可是,这样的情形却遭到了师兄李斯的嫉妒,他担心若让韩非这么"表现"下去,恐怕将来秦国再无自己的立锥之地。很快,李斯将韩非视为政治上的头号对手。这之后,李斯开始向秦王进谗言,说韩非此人有经天纬地之才,胸藏百万雄兵,可是他一心向着自己的祖国韩国,断然不会为我所用。这样的人留在世上,岂不是给我大秦将来统一天下留下一个天大的麻烦?

"一言点醒梦中人",在听到这些流言蜚语以后,豺狼之性的秦王翻脸便将韩非下狱,最终韩非被李斯逼死狱中。

史籍上的第二个版本是,韩非与姚贾交恶,于是向秦王说他的坏话。可是姚贾的舌头比韩非利索得多,一番剖心挖肺,终于让秦王感动,相信了他的无辜。而韩非反因构陷不成而为秦王所弃,最终身败名裂。

除了史籍记述,民间也有说韩非本是韩国人,却为秦国效力,甚至还为秦国灭掉韩国出谋划策,是名副其实的"韩奸",

所以他的横死乃是遭了因果报应。这种说法实在是有些迂腐了，因为战国时候各国人才自由流动，根本不会囿于一姓一地。

韩非之死，恐怕根本原因还是在他自己的身上。他虽然胸藏百万雄兵，徒有高等的智慧，却无高等的情商，更不懂得人情世故。可以想见，在战国这种乱世当中，在尔虞我诈的旧时官场，他确实是难以生存下来的。"巧诈不如拙诚，惟诚可得人心"，这是韩非的名言。也许他就是这样的人，一个以诚为本的人，一个对人世还留有美好幻想的人。

韩非如一颗流星，划过战国的茫茫夜空，转瞬即逝的那一刹，迸发了他积蓄一生的璀璨和惊艳。仰望之间，仿佛昙花一现，却又刻骨铭心。

秦始皇

当幻想走向最终破灭

烈日悬空,艳阳高照,大秦帝国的出巡队伍浩浩荡荡地在河北平原上行走着,庄严,肃穆,一如之前的四次出巡。随行的人谁也不敢怠慢,因为秦始皇是一个铁面无私、严格冷酷的人。此时,秦始皇不曾想到,此去竟然是自己生命中的最后轨迹……

秦始皇生于战国时代,是中国古代第一个封建中央集权的皇帝。他13岁登基,22岁亲政,之后平定六国,一统天下,建立起第一个强大的统一的多民族封建大帝国——秦朝。此后,在丞相李斯的辅佐下,对内实行郡县制,书同文,车同轨,统一度量衡;对外北击匈奴,南征百越,修筑万里长城,确立了中国版图的基本框架。我们不可否认,这是一个雄才伟略的皇帝,一个把中国推向大一统的千古帝王。

公元前221年,秦始皇完成统一霸业,中原大地上唯吾独

第一章 吹散的浮尘，蹊跷的死因

尊。然而，他并没有陶醉于一统天下的成就之中，而是一直忧心忡忡，不断谋求维持大秦帝国长治久安之法。公元前220年，秦始皇开始巡游天下，真切地感受到西部边陲之地与东部临海之滨在经济文化水平上的差距，同时也为一种流行于齐地的方术深深吸引，从而对长生不老之术产生了浓厚的兴趣。

当时正值壮年的秦始皇，对生死问题有着极为紧迫的危机感，尤其是在两次出巡途中遇袭之后，内心的恐慌达到无以加加的地步。在他看来，帝王的长生不老似乎与帝国的长治久安有着必然的联系。

得知了秦始皇寻找长生药，有个叫徐福的人，给秦始皇上书。上书中说海中有三座仙山，仙山中住着神仙，若能寻访到那里，应该就能找到长生药了。秦始皇很高兴，立即派徐福率领童男童女入海求仙，结果空手而归。

这次失利虽然打击到秦始皇的梦想，但他并没死心。后来，徐福在秦始皇的命令下，再度率众出海，竟一去不复返。

秦始皇在现实之中无法找到巩固帝位之法，就寄托于神秘的方术能为他带来一线希望。此时，一位略微精通方术的方士——卢生，逐渐成为秦始皇的宠臣。秦始皇多次派遣卢生寻仙问道，卢生却屡次无功而返。数次之后，卢生再无法用那些阿谀奉承、溜须拍马之言敷衍了事，竟信手拈回一本《录图书》，谎称这是一本谶书，更妄言其中记录了一个惊天动地的秘密：亡秦者胡也。秦始皇一看，便以为这"胡"字指的是北方匈奴，于是命令秦军北击匈奴，修筑长城。

卢生知道自己是找不到长生药了，又害怕遭到迫害，于是他和徐福一样，也选择逃跑了。

公元前210年，千古一帝秦始皇死在了第五次东巡途中的沙丘宫（今河北广宗）。《史记·秦始皇本纪》记载："七月丙寅，始皇崩于沙丘平台。"秦始皇死后，赵高采取了说服胡亥威胁李斯的手法，二人在沙丘宫经过一番密谋，假造秦始皇发布诏书，由胡亥继承皇位。同时，还以秦始皇的名义指责扶苏为子不孝、蒙恬为臣不忠，让他们自杀，不得违抗。在得到扶苏自杀的确切消息后，胡亥、赵高、李斯这才命令车队日夜兼程，迅速返回咸阳。

为了继续欺骗臣民，车队不敢直接回咸阳，而是摆出继续出巡的架势，绕道回咸阳。当时正值七月高温，秦始皇的尸体在途中开始发出阵阵恶臭，为了掩盖尸体的味道，赵高竟然将咸鱼放在秦始皇的车上。如果预见这样的场景，想到身后的悲凉，秦始皇该是怎样的愤怒，又该是怎样的悲怆。

南宋著名政治家、诗人王十朋曾写过一首诗："鲸吞六国帝人寰，遣使遥寻海上山。仙药未来身已死，銮舆空载鲍鱼还。"

第一章 吹散的浮尘，蹊跷的死因

一代千古帝王生前是那么尊贵威严，死后却是无尽的凄惨。这位帝王的死因，也引发了人们的众多猜测，形成了病故说和谋害说两种观点。

对于病故说，人们给出的理由是，据《史记》记载，秦始皇从小就患有疾病，体质较为羸弱。可是他为人又刚愎自用，事无巨细都要亲自裁决，所以工作极度劳累；加以巡游中七月高温，以上诸因素并发，促使他在途中病发身亡。

那么他死于何种疾病呢？郭沫若根据《史记·秦始皇本纪》记载"秦王为人蜂准，长目，鸷鸟膺，豺声，少恩而虎狼心……"推测秦始皇幼时患有软骨症，又时常患支气管炎，所以长大后胸部和鸷鸟一样，声音好像似豺狼，后来由于政务繁重，引发脑膜炎和癫痫等病症。秦始皇在渡黄河时，癫痫病发作，后脑壳撞在青铜冰鉴上，加重了脑膜炎的病情。当车赶到沙丘后第二天，赵高、李斯发现秦始皇已死去多时。

而持谋害说观点的人认为，从宦官赵高在秦始皇病重和死后的种种表现，使人不得不怀疑秦始皇的死与他有莫大的关系。此次始皇出巡，随从人员主要有赵高、李斯、胡亥等人，将军蒙毅也在随行之列。可是当秦始皇在途中病重时，蒙毅却被遣返回边关。从突然的人事变动来看，这似乎是赵高等人的计谋。大将军蒙恬是公子扶苏的亲信，蒙毅是其兄弟，而突然间将其从秦始皇的身边调走，不仅去掉了扶苏的耳目，也为自己后来计谋的实施清掉了一块绊脚石。而后，便有了逼扶苏自杀的计划。赵高回到洛阳后，开始大开杀戒，先是诛杀蒙氏兄弟，再腰斩李斯，这是典型的"杀人灭口"。

然而赵高为什么要谋害秦始皇呢？主要原因就是赵高唯恐扶苏继承王位。赵高曾对李斯讲："长子（即扶苏）刚毅而武勇，信人而奋士，即位必用蒙恬为丞相。"可是蒙恬是扶苏的亲信，赵高曾被蒙毅治罪而判死刑，后因秦始皇赦免而活命，所以赵高对蒙恬、蒙毅恨之入骨，因此他不希望蒙氏争宠，所以必须阻止扶苏即位。但是秦始皇宠爱长子扶苏，只有伺机杀掉秦始皇，才可拥诏立十八子胡亥。秦始皇平时居于深宫，戒备森严，赵高根本无法下手，现在他在旅途中病倒，这真是天赐良机。所以，他对重病中的秦始皇下毒手，提前结束其生命，这完全有可能。

秦始皇到底是病故还是被害呢？这两种观点至今尚无定论。曾痴迷长生不老的千古一帝，结局竟不能善终，这无不令人感到唏嘘和可悲。有人说："生前有多风光，结果就有多悲凉。"这句话用到秦始皇身上，或许再恰当不过。

陵寝依旧，肃然默默，千古一帝早已沉沉睡去。与之同眠的，还有那个千秋万代的帝国梦想。

第一章 吹散的浮尘，蹊跷的死因◇

霍去病
英年早逝是谁之过

他17岁随军出征，功冠全军；21岁纵横漠北，成为三军统帅。多次出兵匈奴，以寡敌众，却能大胜而归，他创造了古代武将的一个传奇。但是，这样一个勇猛战将、天之骄子，生命却在23岁的美好年华画上了休止符，实在令人为之扼腕叹息。

霍去病是西汉杰出的军事家、民族英雄。他的母亲是卫少儿，曾在平阳公主家做女奴，而霍去病的父亲霍仲孺则是平阳公主封邑内的一个小吏。霍、卫两人情投意合，结为夫妻，并且生下了霍去病。

霍去病也是汉武帝看着长大的，他很早就注意到霍去病的军事天赋，想要亲自教授他孙、吴兵法，不过霍去病的反应大大出乎武帝的意外，他说行军打仗靠的是因敌因势，不需要拘泥于古代兵书。这话说得很有见识。

霍去病长到18岁时，已是一个威武健壮的少年，无论是骑马打猎还是舞刀弄枪，他都是一学就会，一会就精。

公元前123年，匈奴又来犯边。汉武帝遂遣大将军卫青率李广、苏建等六将军出定襄、击匈奴。这一次，年纪轻轻的霍去病也随军出征。他被舅舅卫青带在身边，做了舅舅的骠姚校尉，手下率领精挑细选的八百个骑士，都是勇武擅骑射的人物。

卫青率大军两次出击，共斩杀匈奴一万九千余人。但汉军也有伤亡，苏建所率部队全军覆没。不过霍去病却在战场上获得了惊人的表现，他率领手下的八百骑士，偏离大部队，在黄沙滚滚的大漠里狂奔数百里偷袭匈奴，斩杀敌人两千余人，其中就有匈奴单于的祖父，还俘虏了单于的叔叔和国相。

元狩二年（公元前121年）春，汉武帝又派霍去病出征。霍去病再次孤军深入，他率着一万骑兵千里奔袭，冲出了焉支山。那里是匈奴休屠王的领地，霍去病与匈奴部队相遇，斩杀了折兰王、卢侯王等匈奴显贵，还得到了休屠王祭天用的金人。这年夏天，霍去病与老将公孙敖再次出击，两人各带一万人马。由于匈奴人被汉朝打得不断西迁、北迁，所以霍去病与公孙敖都是越追越远，他们奔袭两千余里，在祁连山附近杀匈奴兵三万余人，俘虏了单桓王等匈奴贵族共计五十余人。

在之后的漠北之战中，作为汉军的其中一路，霍去病率领

第一章 吹散的浮尘，蹊跷的死因

大军在沙漠里纵横驰奔，终于与匈奴左贤王相遇。双方厮杀一天，傍晚时分大风骤起，漫天黄沙，霍去病命令骑兵展开包围。左贤王不敌，带亲信冲开包围逃跑，近七万匈奴兵被斩杀或俘虏。之后，霍去病在狼居胥山封禅而还，这是史无前例的大胜利。匈奴彻底被打散了。此后，再也无法凝聚成有效的力量与汉朝对峙抗衡了。因为战功赫赫，霍去病升任为大司马，与卫青同掌兵权，是为大将军。

然而，这位战绩辉煌、集万千宠爱于一身的无敌战将，却于风华正茂之际猝然凋落。关于霍去病的死因，史上却没有详细的记载。

《史记》中记载，霍去病是在出征匈奴之前突然死亡，朝廷公布的死因是病死。那么霍去病真的是病死吗？其实，这个可能性不大。他17岁从军，逐渐成为一代名将，作为一个勇猛的沙场武将，肯定拥有过硬的身体素质，在23岁这样的年纪患病而死，这似乎不太可能。如果不是病死，那么就是非正常死亡。为什么深深器重霍去病的汉武帝却没有深究非其正常死亡的原因呢？

由于霍去病功勋卓著，得以从卫青的军队中脱颖而出，得到汉武帝的赏识，如日中天，并逐渐形成了以自己为中心的军事集团。这个集团中的重要人物也几乎都是霍去病一手选拔的匈奴降将，或是能骑善射的低级军官，个个英勇善战。更重要的是这些人的重心都在战场上，与皇亲国戚以及世家贵戚却没有一点关系或牵连。

反观卫青，一代大将军却日渐衰落。他的身上担负着太多人的利益，势力庞大。汉武帝为了扼制这股势力，采取的手段便是以霍制卫。卫、霍集团之间就形成了一种尖锐的矛盾。当这种矛盾激化时，必然是要以牺牲一方为代价，因此从不参与政治斗争，只着眼于沙场的霍去病就成了卫部保全自己的牺牲品。这也可以从一些史实当中窥其一二。

此外，还有一股势力不容小觑，那就是以李广为核心的李氏家族，李广的从弟李蔡曾身为丞相，也是整个家族利益集团的核心。

公元前119年，漠北大战，李广自杀，李广之子李敢刺伤卫青。但是卫青为人谦恭有礼，温和大度，他把这件事隐瞒了下来。虽然这件事在当时并没有传开来，但是却为李氏家族埋下了祸根。公元前118年三月，李蔡以侵占了先皇陵寝的一块地的罪名畏罪自杀。这简直就是一个莫须有的罪名！身为丞相的李蔡岂会冒着被处死的风险侵占一块皇家陵地？也就是在这一年，霍去病因为李敢行刺过卫青，在甘泉宫狩猎场当着武帝的面射杀了李敢。

第一章　吹散的浮尘，蹊跷的死因◇

值得注意的是：如此明目张胆地射杀李敢，难道霍去病就不担心无法对皇帝以及众家将士交代吗？而且李敢当时身为郎中令，也就是九卿之一，霍去病没有私自处决他的权力。从射杀李敢的时间而言，此时距离李敢刺伤卫青已经很长一段时间，那么霍去病为什么要现在才猎杀李敢呢？

因此，这不可能是霍去病蓄谋已久的杀害。也就是说这是一个突发事件，霍去病是在狩猎之前才临时得知李敢曾刺伤卫青的。自此，李氏家族被连根拔起。霍去病与李氏家庭结下仇怨，引起汉武帝不满。那么，从整个事件来看，受益最大的还是卫氏集团。

公元前117年三月，霍去病一再上书请汉武帝分立三位皇子为王。霍去病又为何两次三番地要求封三位皇子为王呢？他与这件事又有何关系呢？其实，没有什么关系，因为这对霍去病而言没有丝毫好处，他只是当起了这个事件的发起者和带头者，然而随着事件发展，满朝文武都加入进来的时候，他却并没有参与其中。同年四月，汉武帝无奈册立三王，其宠姬王夫人病死。表面上，卫氏集团并没有参与到这件事情之中，但是细看之下，册封三王受益最大的是卫太子（汉武帝和卫子夫的儿子），他的危险得以解除，而王夫人病死，卫皇后地位得保，卫氏集团仍是最大的受益者。

◇历史丢失的真相

公元前117年九月，霍去病死去。自此，与卫青有仇的李氏家族已垮，与太子争嫡的三王分封离开了，与卫子夫争宠的王夫人死了，威胁着卫青地位的霍去病不在了，整个朝廷之中的三股力量，已经消除两股，最大的受益者却是卫氏家族。

霍去病在这场政治斗争中失去甚多，但是他真正的死因为何？没人能给出确切答案。从霍去病的性格分析，他少年孤独，寡言少语，心高气傲，缺少朋友。亲情对他来说是十分重要的。最后，连曾经视如亲人的卫青也远离了他，性格倔强孤傲的少年最容易走入极端，他虽然少年显贵，但是未必快乐。人言不仅可畏，有时候还可以杀人，其高明处远胜刀剑毒药。

那个勇武的少年远去了，但他的精神犹在。他仿如一轮白月光照耀着历史的书页，让人们看到了"匈奴未灭，何以家为"的家国豪情，也看到了一代战神的身后佳话。

第一章 吹散的浮尘，蹊跷的死因

东晋孝武帝

"魇崩"是个牵强的说辞

皇帝的一生看上去很风光，但其实却非常艰辛。明君要把国家各方面治理得井井有条，辛苦程度自不必说。昏君倒是对朝政不大上心，但他们的生活同样也好过不到哪儿去。不管是昏君还是明君，每天都必须面对朝政、面对群臣，害怕哪里做得不好会遭到群臣指责，担心外敌进犯，畏惧内部叛乱……这么多可担心、可恐惧的事情，只是因为一旦出现什么问题，所有的箭都朝他们射过来。在这样的重压之下，皇帝每天提心吊胆，怎么会过得舒服？

除了繁忙的政务外，皇帝还得担心被人谋害。死于非命的皇帝数不胜数，被饿死的齐桓公，被老婆气死的魏孝文帝，被毒死的光绪帝……非正常死亡的皇帝不胜枚举。而有一位皇帝，他的死法就更让人难以接受了。他竟然是被自己的妃子活活闷死在被窝里，

◇历史丢失的真相

而这位妃子在皇帝死后还能安然地做着妃子，没有受到任何惩罚。这位死得稀里糊涂的皇帝，就是东晋孝武帝司马曜。

司马曜是东晋简文帝司马昱的第三子，东晋王朝的第九代皇帝。他在位时间很长，喜好"黄老"，以无为治国，其实什么也不做，荒淫享乐，最后因为一句酒后醉言而死在嫔妃手中，成为天下人的笑柄。

父亲简文帝司马昱先前有5个儿子，3个夭折。剩下的两个成年后，也死得很早。这之后的很多年里，司马昱都没有儿子，感到非常苦恼。他请来相士，把府中所有的姬妾和婢女都叫上前来，让相面的人物色可以生儿子的人。结果相士为他挑选了一位叫李陵容的织纺婢女。李陵容长得粗壮丑陋，可司马昱为了生儿子，还是与她同居。后来李氏还真为他生了两个儿子，大儿子就是司马曜。李氏也母凭子贵，被封为贵妃。

简文帝去世后，12岁的司马曜继位，即孝武帝。司马曜当上皇帝时，政权还是由权臣桓温把持。桓温本来以为司马昱死了会把皇位禅让给自己，可没想到司马昱把皇位传给了自己的儿子，并在遗诏中命他像诸葛亮辅佐刘禅那样辅佐司马曜。桓温自然十分气恼，他对支持司马曜的大臣们也恨之入骨。公元

373年二月，桓温率领大队兵马，气冲冲地直奔京城建康，准备灭了东晋，夺位称帝。满朝文武听闻此事都胆战心惊，不知如何是好。这时，大臣谢安挺身而出，建议朝廷不要与桓温硬碰，他带领群臣前去迎接桓温。

谁知桓温刚到建康就病了，就没有武力夺位，他暗示朝廷给自己加"九锡"，这是给大臣的最高礼遇。谢安负责起草诏书，尽量拖延，改了多次也没有定稿。拖到七月，桓温就病死了。司马曜总算没有被赶下台。

太元元年（公元376年），司马曜开始亲政。有了谢安等的辅佐，他的位置一直坐得很稳。谢安等掌管军队后，对司马曜很忠心，力保皇帝的政权稳固。有一年，前秦王苻坚率众兵对东晋发动了大规模的入侵，志在灭掉东晋，统一天下。谢安兄弟叔侄三人不畏强敌，统兵8万兵力在淝水击败前秦。此举不仅使司马曜逃过了亡国的危机，而且被举国上下寄予了中兴东晋的希望。

不过司马曜注定要让所有人失望了，他对国事根本不关心，从来没想过自己做皇帝有什么责任，他崇尚黄老哲学，什么也不愿意做，就想着天天舒坦过日子就行了。谢安等人名气大振后，司马曜却对他们开始猜忌，担心谢氏功劳太大，会像桓温一样专权。司马曜自己也不愿意操心这些事，就让弟弟司马道子去做。很快,谢安被司马道子排挤出建康,不久病逝。朝中能干的文臣武将也逐渐被踢走,东晋朝廷又变得腐败不堪。司马道子掌握了军政大权后,嚣张专横的本性暴露出来了,他连哥哥司马曜也不放在眼里。司马曜也看他不顺眼,二人的矛盾就越来越大,朝廷中也以他们为中心形成两派势力。

兄弟二人的斗争还没有完全激化,司马曜却突然死了。而他的死,竟是因为酒后的一句戏言。据《晋书》记载:"时张贵人有宠,年几散失,帝戏之曰:'汝以年当废矣。'贵人潜怒,向夕,帝醉,遂暴崩。"

相传,公元396年九月的一个夜晚,司马曜在宫内与宠妃张贵人一起饮酒取乐。酒过几巡之后,司马曜微微有了一些醉意。他要求张贵人继续陪饮,但是张贵人却以酒足为由不肯再喝。这时候,司马曜看着身边年轻貌美的宫女,耍起了酒疯。他告诉张贵人她年纪渐老,美色大不如前,跟这些宫女相比差远了,并且扬言要废了张贵人,另选新人。这些话深深刺伤了张贵人,她深信这是司马曜"酒后"所吐的"真言"。自得宠以来,从未被如此羞辱过的她竟将这些酒话当了真。想到自己将来可能会被打入冷宫,甚至会被赐死,张贵人觉得非常害怕。而后,看着熟睡的司马曜,她顿时起了杀心。

她借着不知道从哪里来的胆量和决心,招来心腹宫女,让她们搬来了几床大被子，将还在睡梦中的司马曜活活捂死了。可怜的司马曜只因酒后的一个玩笑就丢掉了性命。

第二天，张贵人居然若无其事地告诉众人，皇帝是在睡梦中"魇崩"的。而由于朝臣们各怀鬼胎，对于张贵人这样荒谬的说法居然也没有人提出质疑。司马曜就这样不明不白地死了，着实令人慨叹。

一句酒话，如一把锋利无比的刀，无情地扎进了司马曜的心窝。因为酒话而丧命，司马曜无疑是千古第一人，岂不悲哉？

◇历史丢失的真相

赵匡胤
透着诡异的烛影斧声

从文武双全的青年俊杰，到叱咤沙场的勇猛将才，再到傲视天下的大宋皇帝，他的一生是一部由低微到高贵的奋斗史，同样也是一段文韬武略的人物传奇。然而这位开国之君，只做了十余年皇帝便猝然离世……

回望宋太祖赵匡胤的一生，是短暂的，也是辉煌的。他于乱世中起家，发动陈桥兵变，黄袍加身，建立了北宋王朝，并由此结束了五代十国的分裂局面；他削除藩镇，以文治国，加强了中央集权；他发展农业，健全科举，整顿吏治，为宋王朝的统治打下了坚实的基础。

公元976年，做了17年皇帝的赵匡胤，在夜晚猝然而逝，死得不明不白，死得颇为诡异。赵匡胤死后的第二天，其弟赵光义（宋太宗，赵光义本名赵匡义，兄长赵匡胤成为皇帝后，为避讳而改名赵光义，后又改名赵炅）继承了帝位。

对于赵匡胤的死亡，正史中没有明确的记载，《宋史·太祖本纪》中的有关记载也只有简单的两句话："帝崩于万岁殿，年五十。""受命杜太后，传位太宗。"因此他的死一直是一个不解之谜，在历史上留下了又一桩悬案，也让后人产生了许多猜测和遐想：太祖究竟是死于疾病原因还是死于非命？太宗是不是弑兄篡位？流传较广的一种说法即是"烛影斧声"案。

建隆二年（公元961年）六月，赵匡胤的母亲皇太后杜氏因病去世。杜太后是个很有见识的女人，她见证了儿子夺位称帝的全过程，认为赵匡胤能顺利坐上皇位，是因为后周皇帝柴宗训年幼，若换成一个成年人在位，赵匡胤就根本没有这个机会了。于是，她认定立年长者为国君，才能稳定社稷。杜太后临终前，告诫太祖赵匡胤，希望他能传位给弟弟赵光义，太祖含泪答应了母亲的遗命。这件事由大臣赵普当场记录，并藏于金匮之中。这就是历史上所说的"金匮之盟"。

然而随着宋朝局势的稳定和统一事业的逐渐完成，太祖与弟弟赵光义间的矛盾就逐渐暴露出来了。当初兄弟二人为了家族和大业，同心协力共渡难关，而今却为了争夺皇权，骨肉生隙。

开宝九年（公元976年）十月，那天天气极为寒冷，宋太祖赵匡胤心情不好，于是唤他的弟弟晋王赵光义入宫，并屏退宦官、宫女，只有兄弟二人自酌自饮。从殿外向宫内望去，只见烛光灯影下，赵光义时而避席，似乎不胜酒力。饮罢酒，已是深夜，太祖看到殿前积雪极厚，于是便用玉斧刺雪，还不时对赵光义说："好做，好做。"当天晚上，赵光义按照惯例留宿于禁宫之中。第二天天快亮时，禁宫里传出宋太祖赵匡胤驾崩的消息。赵光义受遗诏，于灵柩前即皇帝位。这就是得出太宗弑兄说法的起因，也是历史上著名的"烛影斧声"案。

有人认为"烛影斧声"也许不是疑案，只是晋王赵光义弑兄篡位的借口。若宋太祖赵匡胤真觉得时日不多需要安排后事，不可能只单独召其弟单独入宫。这可是宋朝的国家大事，并且赵光义又在喝酒时几次退避。或许用玉斧刺雪，就正是赵匡胤与赵光义进行殊死搏斗的一个写照，赵光义一狠心便将宋太祖给杀死了。

对于这样的说法，有人提出过质疑。司马光在《涑水纪闻》中记载："太祖初晏驾，时已四鼓，孝章宋后使内侍都知王继隆召秦王德芳；继隆以太祖传位晋王之志素定，乃不召德芳，径趋开封府召晋王。见医官贾德玄坐于府门……乃告以故，叩门与之俱入见王，且召之。王大惊，犹豫不敢行，曰：'吾当与家人议之。'入久不出。继隆促之曰：'事久，将为他人有。'遂与王雪下步行至宫门，呼而入……俱进至寝殿。宋后闻继隆至，曰：'德芳来耶？'继隆曰：'晋王至矣。'后见王愕然，遽呼官家曰：'吾母子之命，皆托于官家。'王泣曰：'共保富贵，无忧也。'"

从这一记载来看，宋太祖赵匡胤过世时，他弟弟赵光义并不知晓，也没在宫中待过，似乎可以洗去"烛影斧声"的嫌疑了。

但是自赵光义继帝位后，赵匡胤的长子于公元979年被迫自杀，次子于公元981年无故而死。从这方面看来，宋太宗赵光义又是很难摆脱"烛光斧影""戕兄夺位"的嫌疑的。

关于赵光义弑兄的原因，史书上还有另一种说法。后蜀主孟昶归降，死后其妃子花蕊夫人被赵匡胤纳为妃子，而且特别宠爱。可是其弟赵光义也很喜爱花蕊夫人。赵匡胤因病卧床，深更半夜时赵光义胆大妄为，以为宋太祖已熟睡，便趁机调戏花蕊夫人，谁知赵匡胤突然醒来发觉，盛怒之下欲用玉斧砍赵光义。可是因为病体虚弱，体力不足，并未砍中赵光义。赵光义觉得不管用什么方式都不能取得兄长的宽恕，自己只有死路一条，于是一狠心便杀死了自己的同胞兄弟，然后慌忙逃回府中。等到皇后、太子赶到之时，赵匡胤已经只剩一口气了。第二天太祖赵匡胤就死了。

赵匡胤是病怒交加而死，还是被自己的弟弟杀死？谁也不知其详。不过十分清楚的是，赵匡胤之死与其弟赵光义当夜在皇宫内院的行为有一定的联系，有可能赵匡胤就是死于亲兄弟赵光义的谋杀之下。

在透着诡异的烛影斧声里，赵匡胤的生命定格在一千多年前的寒冷之夜。于他而言，或许比这更为寒冷的，还有冰冷残酷的手足之情！

第一章 吹散的浮尘，蹊跷的死因◇

岳飞

忠良蒙难，到底谁才是元凶

在大理寺狱中，岳飞忆起金戈铁马的抗金岁月，"还我河山"的壮词仿佛还回荡于耳边。他闭目长叹，想起被侵夺的中原大地、惨遭金兵蹂躏的百姓，无不让他肝肠寸断。而此刻，他将以"莫须有"的罪名慷慨赴死，在一声仰天大笑后，他毅然在供状上写下"天日昭昭，天日昭昭"八个大字……

岳飞的一生忠肝义胆，壮志凌云。"靖康耻，犹未雪，臣子恨，何时灭"是他杀敌报国的忠鉴；"壮志饥餐胡虏肉，笑谈渴饮匈奴血"是他横扫沙场的豪迈誓言。他的忠勇震撼古今，他的故事同样流芳千古。

岳飞是南宋著名的抗金名将，也是中国历史上著名的军事家。传说岳飞出生时，他家房脊上落了只大鸟，鸣叫几声就飞走了。岳飞父亲岳和因此给儿子取名"飞"，字"鹏举"。

19岁时，岳飞投军抗辽，不久后其父去世，他退伍返乡守孝。

1126年，金兵大举入侵中原，岳飞再次投军，开始了他抗击金军、保家卫宋的生涯。由于岳飞用兵灵活，不照搬兵书的做法，是个常胜将军，深受皇上欣赏，被封为东京留守司统制。

1129年，金将金兀术率金军再次南侵，杜充率军弃开封南逃，岳飞无奈之下只好随之南下。是年秋，杜充不战而降，岳飞率军孤军奋战，他先在广德攻击金军后卫，六战六捷，接着在金军进攻常州时，四战四胜。次年，岳飞在牛头山设下埋伏，大破金兀术，收复建康，金军被迫北撤。从此，岳飞威名震四方，他所统帅的军队纪律严明，作战英勇，成为宋人心中的"偶像"，金人心中的"夙敌"，被称为"岳家军"。

"岳家军"训练有素，战无不胜，所到之处，冻死不拆屋，饿死不掳掠，深受百姓们的欢迎和爱戴。金兵统帅金兀术曾不无感慨地说："撼山易，撼岳家军难！"

绍兴七年（1137年），岳飞升为太尉，他多次向高宗建议兴师北伐，一举收复中原，但都遭到高宗拒绝。而奸臣秦桧恰恰了解赵构投降求和的心理，便对赵构说他愿意充当说客促成此事。赵构瞬时对秦桧大有好感，便命他参加政事，不久后升他为宰相。

第一章 吹散的浮尘，蹊跷的死因◇

绍兴九年（1139年），就在岳飞等将领率领宋军节节胜利，立誓打到金兵老巢时，却在一天之内收到十二道金字牌，命令岳飞退兵。岳飞顿时气愤无比，仰天长叹："十年之功，毁于一旦！"他壮志难酬，只好挥泪班师。从此，奠定了南宋覆灭的基础。

绍兴十一年（1141年），岳家军撤退后，金兀术又率军占领了河南广大地区，金兀术写信给秦桧，试图借秦桧之手，铲除岳飞。秦桧本来就记恨岳飞，而恰好他对金朝的指示唯命是从，于是立即密报高宗，夺去了岳飞的兵权，委以枢密院的虚衔。

岳飞洞悉了秦桧一行人的阴谋，自行辞官回到了家乡。但秦桧并没有因此放弃对岳飞的追杀，他随即收买了岳飞的手下，许以重金诬告岳飞等人蓄意谋反，直把岳飞陷害下狱，同时被抓的还有岳飞的儿子岳云、大将张宪。

秦桧指使狱卒对岳飞进行审问，问岳飞为什么要谋反，岳飞听罢，"唰"一声撕裂了上衣，袒露出母亲在自己后背上刺下的"精忠报国"四个大字。即刻，是非曲直，不言自明。

入狱两个多月，岳飞坚强不屈，任凭狱卒百般严刑拷打，不再为自己辩白。直到年底，秦桧以"莫须有"的罪名将岳飞毒死于临安风波亭，是年岳飞仅39岁。其子岳云及大将张宪随后也被杀害。

岳飞的被捕和被杀,震惊了整个朝廷,引起了许多有正义感的人的极度不满。当时,南宋的另一名老将韩世忠当面质问秦桧,要求秦桧拿出岳飞父子谋反的证据,秦桧竟无耻地说:"他们谋反的事莫须有。"韩世忠听完气愤不已,反问道:"'莫须有'三字,怎能服天下人心?"

这桩千古奇冤就这样在历史上画下了重重一笔。然而,谋害岳飞的元凶真的是传说中的宰相秦桧吗?宋元以来的史家对此作了探索,但仍众说纷纭,各执一词。

据考证,秦桧在京都失守后被金兵带到北方,很快成了完颜昌的亲信。1130年10月,秦桧秘密回到南宋,声称是挂念南宋,杀死了金兵逃回来的。但据《大金国志》记载,秦桧当时是在金国参加议事,而他的返宋也是金国决定的,目的是要他促成议和。因此,他有了宋、金议事的双重身份,成为南宋王朝降金政策的炮轰者兼推行者。而当时,岳飞手握重兵,战功最大,反对投降的意愿更坚定,自然而然就成了秦桧的第一阻碍者。

然而,有人认为真正要除掉岳飞的幕后黑手是高宗,因为只有他,才有权力下令杀害岳飞。秦桧虽是宰相,但他并不具备杀人的权力。那么,高宗为什么要杀害这样一个精忠的名将呢？

后来研究者一般认为是目标冲击。岳飞一生奋斗的目标是"迎回徽钦二帝"，而迎回了二帝，赵构的皇位就岌岌可危了，可见，他一怕迎回二帝，二怕中原恢复，三怕岳飞矢志抗金，他与岳飞的冲突，最后终究要爆发成君臣之间的仇杀。他杀岳飞，势在必然。而秦桧则是在这起冤案中起了推波助澜的作用。

青山有幸埋忠骨，白铁无辜铸佞臣。

历史是有情，还是无情？我们无从评断，但抗金英雄岳飞却世世代代受到后人们的敬仰与纪念。

◇历史丢失的真相

戚继光
斩子或许只是个悲伤的故事

他出生将门，立志疆场，曾挥笔写下"封侯非我意，但愿海波平"的壮志豪言；他横刀立马，所向披靡，曾指挥戚家军"飙发电举，屡摧大寇"，是当之无愧的民族英雄。尽管几百年过去了，他依然被一代代的人们所铭记、所颂扬……

"天皇皇，地皇皇，莫惊我家小儿郎，倭寇来，不要慌，我有戚爷会抵挡。"这是在我国东南沿海一带广为流传的一首民谣，谣中的戚爷指的是明代著名抗倭名将、民族英雄戚继光。戚继光出生将门，世袭登州卫指挥佥事，长期在山东、浙江一代担负抵御倭寇的重任。戚继光17岁时承袭了父祖历任的登州卫指挥佥事之职，25岁时被提升为署都指挥佥事，他立志要荡平倭寇，拯救黎民于水火之中。

明朝历史上的倭寇，不同于一般的海盗，他们往往都是有着严格纪律的军事组织。要战胜这些倭寇，只有更加严格的纪律才行。戚继光就是一个以严于治军而闻名的军事将领。他经常以岳家军为榜样，对士兵进行教育，并且坚持与部下同甘共苦。历史记载，戚继光的军队号令严，赏罚信，因此所向披靡，威震四方。对于倭寇来说，"戚家军"无疑是让他们丧魂落魄的"丧钟"，却是明朝廷和百姓的救星。

戚继光统军打仗，十分强调纪律的重要性。他要求士兵要绝对地服从指挥，指挥官下令向前，前面就是刀山火海也要奋勇前进，不得后退，违令者定斩不赦。正是因为戚继光如此强调军纪的重要性，才有了浙江、福建一带盛传的戚继光斩子的种种传说。

戚继光斩子的故事几百年来一直在闽、浙一带广为流传。在福建莆田，这一故事还被改编为闽剧《戚继光斩子》，以艺术的形式在民间盛传不衰。此外，在福建宁德、连江、闽侯，浙江义乌等地也有类似的传说。戚继光斩子的故事到底是不是历史事实，到底发生在哪个地方，一直众说纷纭，没有定论。

有一种说法认为，戚继光斩子的故事不是发生在浙江常风岭，而是发生自福建麒麟山；斩的儿子不是戚印，而是戚狄平。明朝嘉靖年间，倭寇在福建沿海烧杀抢掠，无恶不作，朝廷换了几任大将也拿他们没办法，百姓叫苦连天。后来戚继光

◇历史丢失的真相

率八千义乌兵入闽抗倭，头一仗打的就是海上倭寇的巢穴——横屿。横屿是一个海上孤岛，与宁德樟湾村隔海相望，此处涨潮时是一片汪洋，退潮之后则是泥泞一片的沼泽，地形易守难攻。倭寇在岛上修建了许多坚固的防御工事，戚继光经过一段时间的详细观察之后，决定在中秋节的下半夜趁着倭寇防守松懈，潮水低落的时候，涉过浅滩处的沼泽，出其不意地攻击敌人。戚继光先命张谏、张岳在横屿西、北陆上布阵，防止倭寇上岸；又命张汉率水师在横屿东部海面游弋，防止倭寇从海上逃窜；自己则率领戚家军的主力从南面进攻。在攻击发起之前，戚继光晓谕全军："潮水涨落，分秒必争，只许勇往直前，不准犹疑回顾。违令者斩！"戚继光任命自己的儿子戚狄平为先锋官，率领3000精锐部队打先锋。戚狄平率军行至麒麟山下的宫门嘴山口时，担心父亲年老力衰，跟随不上，便立马回头向樟湾方向望了望。这时跟在后面的将士以为先锋有令要传达，不觉也都脚下一顿，停了下来。

　　戚继光率领中军跟在后面，突然发现前面的队伍停了下来，不知发生了什么变故，就立即派人询问。后将校回报说："前面没什么事情，只是因戚先锋回头，兵士疑惑所致。"戚继光听后大怒，立刻令人将戚狄平绑至马前，训斥道："你身为先锋官，不带头遵守向前的军令，反而带头违令，致使三军疑惑。如若不按军法处置，又以何服众？"说完，他命令帐下军校将戚狄平绑出，欲斩于军前。戚继光身边的将士见状，纷纷跪地说情，但这丝毫没能阻止斩令。

此后，戚家军胜利地攻占了横屿，斩杀倭寇2600余人，彻底捣毁了横屿上倭寇盘踞的巢穴。戚继光带军回师时，路过麒麟山，想起被自己斩杀于此的儿子，不禁伤心落泪。后来，当地的人民感于戚将军父子的抗倭功劳，就在戚继光当年立斩思子的地方建起一座六角凉亭，取名为"思儿亭"。在戚公子被斩的麒麟山角树立了一块石碑，名曰"恩泽坛"，以永远纪念戚继光和戚狄平抗倭保民的万世恩泽。

另外一种说法认为，戚继光斩子的故事发生在浙江台州地区。戚继光率领戚家军在浙江抗击倭寇，几次大的战役都连战连捷，打得倭寇是闻风丧胆。有一次，戚继光率领军队在台州府围剿一股倭寇，倭寇与戚家军接战之后，很快大败，有一股残敌想绕道城北的大石退守仙居。为了彻底消灭这股倭寇，戚继光立即命自己的儿子戚印为先锋，率领军队抄近路在白水洋常风岭一带伏击。出征前，戚继光一再交代戚印，与倭寇接战之后，不要急于求胜，要佯装失败，将敌人诱至仙居城外再予以反击，以迫使城中的倭寇出援，一举歼灭。违反军令者要按军法处置。戚印率军到达常风岭之后，将军队埋伏在山道两旁的树丛中。此时，倭寇的队伍也沿着这条山道开了过来，前面还押着一些抢掠来的妇女和牛羊等，戚印见状，气愤万分，再也按捺不住了，马上下令军队展开总攻，一时间矢石齐飞，刀枪猛舞，喊声震天。戚印只顾着奋勇杀敌，竟然忘记了父亲临行前交代的只许败不许胜的交代。霎时间，就将敌人全歼在山道之上。后来戚印率军回营，将士们都言戚印作战勇敢，杀敌有功。但戚继光却在听完儿子禀报之后，勃然大怒，说他违反军纪，不服从指挥，应该以军法处置，便命将校将其绑出辕门外正法。诸将虽然苦苦求情，说戚印虽然是触犯了军令，但其大败倭寇，也是有功之臣，可将功抵罪。但戚继光却认为戚印明令故犯，贻误军机，不容不诛！若是不杀则军纪难以严明如初。最终，还是斩了儿子。后来，当地的百姓为纪念戚公子，便在常风岭上为他建造了一座太尉殿。

有人认为戚印是否真存在还是一个谜，认为所谓戚继光斩子很有可能是后人杜撰出来的，是为了赞扬戚继光严明的军纪。

此外，还有人根据《仙游县志》中"继光至莆田，将出师，烟雾四塞，其子印为前锋，勒马回，求驻师。继光怒其犯令，杀之"的记载，指出戚继光斩子的故事应该就是发生在福建莆田，斩杀的儿子为戚印。

对于以上几种戚继光斩子的传说，史学界另有看法。戚继光斩子的故事,在《明史》《罪惟录》《明书》和汪道昆的《孟诸戚公墓志铭》、董承诏的《戚大将军孟诸公小传》等较为可信的史料中均无记载,戚继光后人所编著的《戚少保年谱耆编》中也没有关于此事的记载。而且根据《戚继光墓志铭》的记载,戚继光的正房夫人王氏,一生只生有一个女儿,并无传说故事中的长子戚印这个人。戚继光在军中所纳的小妾陈氏、沈氏、杨氏等人虽然先后为他生了戚祚国、戚安国、戚报国、戚昌国、戚兴国等几个儿子。但这些儿子在戚继光抗倭时期都还是襁褓中的小儿,根本不可能成为统军打仗的将领。因此,许多历史研究者认为,戚继光斩子之事,纯粹是子虚乌有。民间之所以会有这样的故事流传,也许是人们根据戚继光将军治军严明、军纪如山的特点演绎出来的。戚继光斩子的传说从历史考证的角度来讲并无明证,至于传说中的戚印、戚狄平等人是否是戚继光的义子,此为一种推测,事实是否如此,还有待史学界的进一步证明。

戚继光斩子一事是真?是假?此谜还需更多的史料来求证。但毫无疑问,无论真假,人们对戚继光将军的怀念是真的,人们对这位被"父"斩杀的"戚印"所寄托的也并不是谴责,而是对其的同情,所以后世才有"思儿亭""相思岭"等古迹的产生。

第二章　史家的笔墨，写不清忠与罪

韩信

倒在人生的巅峰时刻

在长乐宫里，淮阴侯韩信掉进了吕后和萧何的死亡骗局。此刻，被五花大绑的他该有多么的悔恨，以至说出了"吾悔不用蒯通之计，乃为儿女子所诈，岂非天哉"的临死之言。

韩信是西汉的第一功臣，在楚汉战争中，他指挥千军万马，无一败绩。与此同时，他也是西汉第一个被杀的功臣，被看作是开国皇帝诛杀功臣的典型。他巅峰时一时无两，跌入谷底时同样任人宰割，难免令人唏嘘。对于韩信的死，是功高盖主所

第二章 史家的笔墨，写不清忠与罪◇

累，还是谋反所致，给后人留下了无法理清的疑惑和谜团。

韩信，一介布衣出身，年轻时穷困潦倒，由于整天无所事事，连自己都养活不了，甚至经常被人欺负。

韩信长得高大，喜欢携带刀剑，但大家都认为他是个胆小鬼。有一天，有人对他说："你要是不怕死，就用这剑刺死我；要是怕死，就乖乖地从我的胯裆下钻过去。"韩信望了很久，就俯下身，匍匐着从他的胯下钻过。街上的人因此都耻笑他是一个怯懦之徒。而这样一个胆小的人，后来竟然成了军中统帅。

秦末时期，陈胜、吴广起义后，起义军首领之一的项梁也渡过淮河北上，韩信此时带着他的宝剑投奔了项梁，但在部队中难以崭露头角。后来，他投奔汉中刘邦的起义军，军行到南郑，很多将领都开了小差，韩信也不例外。萧何听到后，连夜去追韩信。刘邦以为萧何也开小差，结果两天后，萧何回来了。

萧何对刘邦说："韩信，国士无双，大王如果仅仅是想留在汉中称王，就不需要韩信；如果想争夺天下，除了韩信，没有谁能够帮上你的忙了！"

在萧何的劝说下，刘邦让韩信当了大将，并且选了一个好日子，斋戒沐浴，设置坛场，举行了一个十分隆重的册封仪式。

韩信被拜为大将，深觉是自己施展才能的时候了，便向刘邦详细分析了当时的形式，发挥了杰出的军事智慧才能，立下战功无数。在战争中，他常常能做到出奇制胜，以少敌多。

在韩信一连灭魏、徇赵、胁燕、定齐之后，他派人向刘邦上书说："齐国狡诈多变，是个反复无常的国家，南边又与楚国相邻，如不设立一个代理王来镇守，局势将难以稳定。我希望您派我做个假王。"当时，项羽正把刘邦紧紧围困在荥阳，情势危急，看了韩信上书的内容，刘邦十分恼怒，大骂韩信不救荥阳之急竟想自立为王。张良、陈平暗中踩刘邦的脚，凑近他的耳朵说："汉军现处境不利，哪能禁止韩信称王呢？不如趁势给他做个人情，让他为我们守住一方土地，否则可能发生变乱。"刘邦经提醒顿时明白过来，改口装腔作势骂道："大丈夫平定了诸侯，要做就做个真王，为什么还要当假王？岂有此理？"说罢，他仍然愤愤不平。于是派张良前去立韩信为齐王。召韩信等率兵与项羽会战，大破项羽。

汉高祖五年（公元前202年），韩信被改封为楚王。楚将钟离眛与韩信是朋友，项羽死后，他躲在韩信处，却被有心人揭发，引得刘邦要求韩信交出人来，但韩信不肯交。

汉高祖六年（公元前201年），有人告韩信谋反。刘邦听信陈平之计，说要游览云梦之泽，其实是要袭击韩信。在韩信犹豫去与不去之际，有人向韩信建议："杀了钟离眛去见汉高祖，高祖必定高兴，也就不用担心祸患了。"于是韩信把此事与钟离昧商议，钟离昧说："刘邦之所以不攻打楚国，是因为我在你这里，如果想逮捕我去讨好刘邦，我今天死，随后亡的定是你韩信。看来你也不是位德行高尚的人。"随后，钟离昧自杀而亡。韩信则提着钟离昧首级去见刘邦。刘邦令武士把韩信捆绑起来，放在随从皇帝后面的副车上，对韩信说："有人告你谋反。"接着，就给韩信戴上械具。回到洛阳，刘邦赦免了韩信的罪过，改封他为淮阴侯，把他安置在长安，以免再兴风作浪。

韩信被贬为淮阴侯之后，深知高祖刘邦畏惧他的才能，所以常常装病不参加朝见或跟随出行。陈豨被封为巨鹿郡郡守，前来向韩信辞行。韩信辞去左右，说："你是高帝宠信之臣，你所管辖的地方，是聚天下精兵的地方，而你现在又是陛下宠信的臣子，人们说你反，陛下一定不相信；再次说，陛下就会产生怀疑；三次说，陛下一定会带兵亲征。我为你在京城做内应，天下可图。"陈豨平素就了解韩信的才能，相信他的计谋，表示一切听从韩信的指示。

汉高祖十年（公元前197年），陈豨果然起兵造反。高祖亲自率兵前去征讨，韩信称病不随高祖出征，而暗地里却派人对陈豨说："尽管举兵，我在这里帮你。"

韩信与家臣谋划趁夜晚伪造赦令，兴兵作乱，袭击吕后和太子。不料被人密告，吕后无明确证据，于是与相国萧何商议，诈称陈豨已死,以令列侯、群臣入宫道贺为由诱骗韩信进入宫中。

韩信因为与萧何的友情,入朝进贺,却不知吕后早已设好"陷阱",入宫即被擒,被斩于长乐宫钟室,并被诛灭父族、母族、妻族三族。一世英名的大将韩信,便这样被吕后暗害了。

据说刘邦听到这个消息后很高兴,这从《淮阴侯列传》中可以看到:"高祖已从豨军来,至,见信死,且喜且怜之。"是的,除掉了心头刺,摆脱了韩信的威胁,而且是吕后干的,刘邦无须担上迫害忠臣的恶名。但值得思考的是,对于韩信这样的元老级人物,没有刘邦的默许,吕后敢下手吗?

韩信功劳太大,刘邦已经赏无可赏,所以他只有死路一条。自古以来,开国功臣凄苦的结局,多不过如此。

那么,到底韩信的死是罪有应得,还是千古奇冤?有人说陈豨是汉王的宠臣,韩信与其素无交往,那怎么可能约定一起谋反呢?而这样重大的"谋反"机密,又怎么会轻易被知道呢?假如真有所谓的谋反,又为什么是被捕后立斩于长乐宫钟室,而不是昭示天下,公开审理?用这样一种暗杀的手段来结束一位开国功臣的生命,确实令人费解!

斯人已去,一切的事实和猜想都已隐没在历史的风尘之中,任凭后人评说或慨叹。

晁错

"清君侧"没有那么简单

他身着御史大夫的官袍，有着皇帝老师的光环，曾一度成为皇帝最宠信的重臣。然而"清君侧"的提出，仿如捅了马蜂窝，由此引发了"七王之乱"，这也使他迅即成为众矢之的。一代名臣晁错不曾想到，自己最终落得个腰斩之刑。

晁错是西汉初期的一位政治家，他学贯儒法，知识渊博，故深受文、景两帝的器重和宠信。景帝前元三年，晁错为了实现政治理想，巩固大汉王朝的千秋大业，向汉景帝上书《削藩策》。汉景帝为了汉朝的长治久安，听从了晁错的建议，开始了"削藩"。但是就在晁错的政治理想就要实现之时，他却被腰斩于长安东市。晁错蒙冤而死是因为朝廷大臣给他拟定的罪名是无臣之礼，大逆不道。这个拟定的罪名虽然很重，但并不是晁错被杀的真实原因，那么晁错被杀的真实原因是什么呢？

晁错最初因文才出众，在太常衙门里负责礼仪制度等方面的工作。后来，汉文帝因为政府工作人员里没有熟悉《尚书》的人，就搜罗通晓《尚书》的人才，晁错有幸被派去学习《尚书》。晁错当时被称为"智囊"，是来自他的"辩才"，而并非他的智慧。缺乏保身之道，无疑是他政治生涯中最大的致命伤。

　　公元前157年，汉文帝去世，汉景帝继位。晁错政治生涯的春天到来了。作为晁错老师的忠实拥趸，汉景帝早在太子时代就已经迷眩于他高超的辩才。晁错一夜之间，就从八百石的"中大夫"，越级升迁为二千石的"内史"。在汉文帝晚年没有被接受的那些建议，现在也全部开始着手实施。

　　本来，最有资格最应该直接跟皇上交流工作的是丞相，这是丞相的权力，更是丞相的荣誉，组织制度基本上也是这么规定的。现在，丞相申屠嘉被晾在了一边，他的心里也越来越火！

　　为此，申屠嘉决心打倒晁错，抢回属于自己的荣耀。要是从工作路线上、执行中入手，难度大了些，申屠嘉知道，自己的实践操作不如晁错，理论能力方面更不是对手！

　　偏偏就在这时，晁错给了申屠嘉一个重拳出击的理由。

　　史府的大门朝东开，晁错可能是觉得上下朝很不方便，所以在南面又开了一道门。开个门本身并没有什么，问题是要开这道门，就得把太上皇庙的围墙打穿。自然，这种大不敬的行为，普通官员是不敢去做的。但晁错就敢，因为汉景帝宠信他。

晁错的这一行为给了别人弹劾他的机会。丞相申屠嘉就打算拿这个事情整治一下晁错，准备"奏请诛错"。但诡异的是，申屠嘉的计划居然能够提前被晁错所得知，这自然也从一个侧面反映出了当时晁错地位的如日中天，尽管他既不是三公，也不是九卿。晁错应对的措施是连夜进宫，赶在申屠嘉之前向汉景帝"自首"。第二天早朝，申屠嘉话还没说完，汉景帝就开始为晁错辩护，他说，"晁错拆掉的，只是太上皇庙的外墙，不是内墙，外墙没那么重要，而且还是我让他拆的，晁错没罪，这事儿就这么算啦。"

下朝后，申屠嘉长叹说："我后悔呀，为什么不将晁错先斩后奏呢？如今竟反受其辱！"回家后，申屠嘉气得一病不起，呕血而亡。

申屠嘉的死，成就了晁错的上台。从"内史"升职为"御史大夫"，意味着晁错正式步入了帝国三公九卿的行列，进入了最高执政团体的大名单，他上台后第一件事就是鼓吹削藩。这是为帝国的长治久安计，消除一切潜在的威胁长安皇权的隐患，是天经地义的事情。

削藩，这些藩王们会愿意吗？这个问题只有一个答案：就是不愿意，因为这是他们的既得利益，一个王侯他拥有这么多既得利益，谁甘心情愿把它供奉出去，说拿走就拿走了，不造反才怪。所以晁错提出削藩策以后，立刻引来诸侯王们的激烈反对，一场血雨腥风即将登场。

尽管一石惊起千层浪，但是晁错提削藩是有道理的，而且是一种深谋远虑的对策。既然要削藩，既然要真正推行削藩的政策，确实应该拿吴国这个最强大的藩国开刀，就是吴王刘濞。不管他是反，还是不反，都要拿他开刀，这个冤大头他当定了，这是没有办法的。

次年冬天，汉景帝下诏削夺吴、楚等诸侯王的封地。以吴王刘濞为首的七个刘姓宗室诸侯对朝廷削减他们的权力极为不满，于是以"清君侧"之名联兵反叛。他们以"请诛晁错，以清君侧"的名义，大举进兵，西汉历史上的吴楚七国之乱由此开始。

当诸侯反叛的消息传来，朝野上下一片震惊。在谈到出兵事宜上，晁错建议汉景帝御驾亲征，自己留守京城。曾当过吴国丞相的袁盎趁机向汉景帝献策，说晁错削藩并不是为了国家，而是私人恩怨，并当面保证吴王刘濞根本没有造反的意图，并请求诛杀晁错，以换取诸侯叛军的退兵。此时有些慌乱的汉景帝采纳了袁盎之计，封袁盎为太常，要他出使吴国，劝吴王退

第二章 史家的笔墨，写不清忠与罪

兵。

雪上加霜的是，没过多久，丞相陶青和朝廷里的一些大臣联名上书弹劾晁错，提议将晁错满门抄斩。汉景帝批准了这道奏章，最终将晁错腰斩于东市。

晁错的悲剧在于，他像所有睿智的政论家一样，看透了帝国政治未来的方向削藩，却没能找到一种正确的方式去达到这一目标。在削藩这个必须完成的命题上，晁错之前的贾谊和汉文帝主张"众建诸侯而少其力"，晁错之后的主父偃和汉武帝同样推崇"推恩令"。二者都获得了成功，而唯有晁错遭遇惨败，本人惨遭腰斩，帝国则承受了一场不必要的叛乱。

如果用一句话来为晁错的人生做一个总结，那么这句话最应该是：他选择了用一种错误的手段去达到一个正确的目的，最后，他失败了。他一直在磨刀石上兢兢业业，试图打磨出一把能够把敌人一刀两断的利刃，但结果，他发现自己错把刀背磨成了刀锋，最终把自己割伤了。

于谦

////////// 风口浪尖上的忠诚之悲

他如一阵清风,拂过大明王朝的山河,带来了春的盎然与生机;他如一股清泉,纯澈而甘洌,为混沌的官场上注入一股时代的清流。尽管他是文人的代表,却有着力挽狂澜的气质,同样有着忠诚为国的英雄气概。

如果不是他在瓦剌部进犯京师的城市保卫战中大喊"主张南迁者,罪当斩首!京师是天下的根本,一动则大势便去",或许明朝的历史就得重写。但是这样的英雄人物也难免沦为政治斗争的牺牲品。

在历史的风口浪尖上,明朝于谦让我们感受到了一代名臣的忠诚之悲。

明英宗正统十四年(1449年)秋,由于蒙古瓦剌部侵犯大明江山,明英宗采纳宦官王振的建议,亲自率大军抵抗,由于

第二章 史家的笔墨，写不清忠与罪

组织不周且前线指挥由宦官独断，导致明军在土木堡被瓦剌军打败，明英宗被俘。

此时，明朝廷内混乱不堪，人心惶惶。关键时刻，大臣于谦挺身而出，力排众议，坚持"社稷为重，君为轻"的思想，拥立郕王于九月即帝位，为明景泰帝。这也使瓦剌挟持明英宗迫使大明投降的计谋流于失败。瓦剌在进攻北京城时，又被于谦率军打败，明朝取得了京师保卫战的胜利。

景泰元年（1450年），瓦剌部向大明请和，并归还明英宗。八月，朝廷接回明英宗，但是一朝不能有两个皇帝，于是明英宗就成了"太上皇"，由于明英宗的归来，各地政局产生了一些动荡，后都被于谦平定。

景泰八年（1457年），将军石亨、左副都御史徐有贞等发动宫廷政变，拥立明英宗重登大宝，就在当天，于谦被传命逮捕。于谦的罪名是迎立外藩，图谋不轨，罪至当诛。

石亨曾是于谦的部下，经于谦提拔才至将军位，在京师保卫战中也曾立过战功，但是此人经常藐视大明律且多行不义，于谦曾就此参劾他，他由此对于谦恨之入骨。徐有贞在京师被围的时候是力劝迁都的一派，京师保卫战后景泰帝罢免了他的官职，为此他托于谦替自己向景泰帝求情，无奈景泰帝对他极为反感，复官不成，他就将这笔仇怨记在了于谦头上。

◇历史丢失的真相

明英宗作为这场斗争的直接受害者，在饱经瓦剌被俘之苦归朝后却被封为"太上皇"，但当石亨等人力主要杀于谦的时候，他却公正地说，于谦实有功，不忍心杀害功在社稷之人。这时力主要杀于谦的人就把当年于谦"社稷为重，君为轻"，不顾英宗死活的主张告诉了明英宗，甚至还强调："不杀于谦，此举为无名！"意思是，"我们刚刚拥立你做皇帝，必须要肃清朝野，名不正则言不顺，不杀于谦，有谁会承认新皇帝？"基于此，明英宗才痛下决心杀了于谦。

与于谦同被逮捕的王文受刑时为自己辩解，于谦却高声笑道："亨等意耳，辩何益？"明英宗在下令搜查于谦家的时候才发现，于谦的家里除了打仗用的盔甲和剑器外，竟再也没有值钱的东西了。

据史料记载，于谦"死之日，阴霾四合，天下冤之"，"京郊妇孺，无不泣洒"。石亨、徐有贞等要赶尽杀绝，宦官裴某救于谦的儿子逃过奸党的追杀，还有人不顾个人生死收敛于谦的遗骸。

成化初年，于谦的儿子于冕被赦免，他上疏为父申冤，这才得以恢复于谦的官职和赐祭。皇帝的诰文里说："当国家多难的时候，保卫社稷使其没有危险，独自坚持公道，被权臣奸臣共同嫉妒。先帝在时已经知道他的冤，而朕实在怜惜他的忠诚。"这诰文在全国各地传颂。

弘治二年（1489年），明朝廷采纳了给事中孙需的意见，赠给于谦特进光禄大夫、柱国、太傅，谥号肃愍，赐在墓建祠堂，题为"旌功"，由地方有关部门年节拜祭。万历中，改谥为忠肃。杭州、河南、山西等地都有祠堂历代奉拜祭祀不止。

于谦的一生是光明磊落的，也是轰轰烈烈的。他就像他那激荡人心的诗句"粉骨碎身浑不怕，要留清白在人间"一样，永远熠熠生辉，永远矗立在中华民族的历史风云中。忠臣已去，但他忠勇的精神不曾暗淡，即使几百年后的今天，他高洁的品格、深沉的大爱以及无畏的担当，依然在鼓励和感召着人们。

◇历史丢失的真相

袁崇焕

名将惨死，或许才是悲剧的开始

"一生事业总成空，半世功名在梦中。死后不愁无勇将，忠魂依旧守辽东！"一首慷慨激昂的绝命诗是何其悲壮，又是多么的令人不忍心伤。他的惨死，使得之后的大明王朝再无名将可用，这或许才是悲剧的真正开始……

回眸历史，大凡一个王朝的末年，总是一个风云际会的大时代：民族的刻骨仇恨、宫廷的可耻阴谋、沙场的动地鼙鼓，无一不是这末年时代里的印记。在明王朝的末年，袁崇焕的死去，是朱由检自毁长城，也是一个时代即将消亡的预兆。

袁崇焕，顶盔贯甲，穿行于那段谜一般的晚明历史大舞台，留下了浓墨重彩的一笔。他被许多人认为是一个不折不扣的英雄人物，而另一部分人则诋毁说袁崇焕是投靠清的汉奸。为什

第二章 史家的笔墨，写不清忠与罪

么对一个人会有两种天差地别的言论呢？

天启、崇祯年间，明王朝内忧外患，在历史的凄风苦雨下苦苦挣扎。

袁崇焕虽是一介书生，却有着一腔热血，一颗赤子之心，他晓畅军事，了解边塞情形，不畏邪恶，为人慷慨有胆略，以知兵闻名。

袁崇焕考中进士后，被朝廷任命为福建邵武知县。袁崇焕在邵武知县任上的重要事迹，流传下来也很多，比如他审断冤狱，为老百姓伸张正义，招贤纳士，招募一些有识之士为朝廷所用，平时还帮老百姓做一些事情，关心天下局势，特别是辽东地区明清之间的战争等，总之是政绩卓然。

后来，御史侯恂慧眼识人，不拘泥于旧习，破格提拔了袁崇焕并委以重任，前往辽东参加对后金作战。袁崇焕受命之后，连夜赶路，疾驰于丛林荒野，天明入城，将士们都赞叹他的勇敢与胆量。

那时辽东的形势可以用"一塌糊涂"来形容，明朝的社会矛盾空前激化，已是千疮百孔。袁崇焕果敢从国外引入新式武器，击溃一代雄主努尔哈赤，致其伤重不久后不治而亡。此后，袁崇焕与努尔哈赤之子皇太极僵持于关外十年之久，使其无可奈何。袁崇焕数十年来纵横辽东，无人能敌。他所镇守的宁远则成为皇太极进攻山海关的一个主要的军事障碍，皇太极与其亡父努尔哈赤都曾在袁崇焕手下吃过败仗，因此皇太极更是对袁崇焕恨之入骨，想尽办法要除掉这个障碍。

1629年，皇太极对明朝进行了一次大范围的骚扰。他亲自统帅军队绕过袁崇焕的防区，冲过层层障碍直接打到了北京。袁崇焕这个时候正守在山海关附近，得到军报，便日夜兼程，率领9000骑兵，回京救驾。

这个时候，皇太极又使出了一招如三国演义里"蒋干盗书"的计谋，他先设计抓了两个明朝的太监，把他们囚禁起来，然后让他的两个将领在囚禁太监的房屋旁边"秘密"商量起军事来，说皇太极和袁崇焕已经如何有秘密约定，如何里应外合攻打北京城，还说此事关系重大，千万不可泄露出去之类，云云。实际上，这些都是说给隔壁那两个被囚禁的太监听的。

到了第二天，皇太极放了这两个太监。两个太监马不停蹄赶回宫中，惊魂未定地将袁崇焕意图"谋反"的消息告诉了崇祯皇帝。崇祯皇帝大惊失色，旋即以议兵饷为名，将城外的袁崇焕骗入宫中，接着以谋反罪将袁崇焕逮捕，关进牢狱。此时，朝廷中的政治敌手们开始趁机报复，他们以擅自与后金军议和、擅杀毛文龙两条罪名定袁崇焕死罪。崇祯三年（1630年）八月，袁崇焕被凌迟处死，家人被流徙三千里，并抄没家产。

第二章　史家的笔墨，写不清忠与罪◇

据明史载：袁崇焕行经法场前，刽子手一刀一刀割下其肉，沿途百姓争相从刽子手手中抢来袁崇焕之肉生食之，一块肉往往又被争抢撕扯成数块，整个场面堪比一场"人肉大拍卖"。至法场时，袁崇焕已气绝，骨肉无存，只余一头颅，崇祯皇帝命将其传阅长城上的九个边防关口，以此震慑边将，以儆效尤。就这样，皇太极不费一兵一卒，不用一枪一炮，借着崇祯皇帝的手杀掉了自己的心腹大患袁崇焕。

其实，从崇祯皇帝的为人来看，他并非像历代亡国之君那样的昏庸荒淫，相反，崇祯皇帝一心励精图治，勤于政事，一度被朝野赞誉为"明主"。那么，崇祯为何要杀袁崇焕这样一个将领呢？难道真的是中了皇太极的反间之计？或许是。但袁崇焕被下大狱是崇祯二年（1629年）十月，处斩是在次年（1630年）八月，中间有近九个月的时间能够弄清事情来龙去脉，假如要慎重审讯，"反间计"并不难破解。那么，为什么不昏庸却勤勉的崇祯还是要杀袁崇焕呢？

皇太极所谓的"反间计"其实并不高明，也不是袁崇焕被杀的根本原因，它不过是擒捕袁崇焕的锁链的最后一环，"反间计"只是压垮骆驼的最后一根稻草。

崇祯皇帝应当明白袁崇焕是被冤枉的，但从袁崇焕戍边看来，似乎未曾为皇帝分忧，尽管辽东坚固，但是清军依然大模大样地绕过山海关骚扰边境,五年平辽的诺言看来是不实之词,这对于一个对大臣要求苛刻的皇帝崇祯是无法容忍的。此后,清兵临京师,引发朝野震动,这等奇耻大辱必须由一个罪不可赦的替罪羊来平息,否则天子颜面何存?因此,袁崇焕的悲剧也就在所难免了。

袁崇焕之死,可以说直接导致了明朝的最后灭亡。他死后,明廷再也找不到一个像样的督师,边事无人,这是第一个后果。第二个后果,明军将士因此对朝廷寒透了心。第三,袁崇焕一死,各路兵将军心大乱,山西和陕西两路军马溃回家乡后竟然沦为流寇,流寇从此成为大明王朝的又一大威胁,并最终把它埋葬。

一代名将袁崇焕,没有死在刀折矢尽、硝烟弥漫的沙场上,却死在崇祯皇帝的权力之手,还要备受后世的诸多诟病和猜忌。他惨烈地走了,无所谓忠与奸的定论,无所谓后人的唇枪与舌剑。

鳌拜

满洲第一勇士的起与落

他的前半生，驰骋沙场，身经百战，在清王朝的功劳簿上写下了浓重的一笔；他的后半生，擅权干政，威福自专，最终倒在了少年天子的脚下。清朝三代元勋、两朝忠臣、满洲第一勇士的人生就此谢幕。

鳌拜，满洲镶黄旗人，出身将门，精通骑射，武力非凡，他从青年时代起就效力军中，还获得了一个令许多清朝贵族羡慕的称号——"满洲第一勇士"。而这个光荣的称号，绝非浪得虚名。

在清军入关之前，鳌拜曾跟随清太宗皇太极攻察哈尔部、征朝鲜，于东征西讨中立下了赫赫战功。在皮岛之战中，鳌拜主动请缨，并向阿济格立下军令状："我等若不得此岛，必不来见王。誓必克岛而回。"胜败关键时刻，鳌拜第一个冲向明军阵地，冒着炮火与明军展开近身肉搏。清军最终攻克皮岛。在松

◇历史丢失的真相

锦会战中，鳌拜途中遇明军，他没有退缩，而是一马当先，迎头而上，五战皆捷。这两次大战使得鳌拜直升为护军统领，成为八旗将领中具有较高地位的人物。

清军入关后，鳌拜作为武将，他的任务还没有结束。当时中原地区有最让清政府头疼的李自成的大顺农民军和张献忠的大西农民军。平定这两支农民军成为清政府交给鳌拜的主要任务。

顺治元年（1644年）十月，鳌拜随靖远大将军、英亲王阿济格取道陕北，攻陷四城，降三十八城，随即挥师南下，直逼西安。李自成被迫放弃西安，退往湖广。阿济格奉旨率军剿除"流寇余孽"，鳌拜等遂分翼出师，水陆并进，于河南邓州和湖北承天、德安、武昌等地前后十三战，重创大顺军。这之后，他带领清军占领了清河南、湖广、江西、南京等地六十三城。

打垮李自成之后，顺治三年（1646年）正月，鳌拜又随肃亲王豪格等率军进攻张献忠大西农民军。鳌拜再次充当先锋，率领先头部队前往阻击。两军相遇，鳌拜等人又是身先士卒，往前猛冲。狭路相逢，昔日威风一时的大西军抵挡不住而溃败，张献忠也于此役中被杀。打败大西军主力之后，鳌拜等又继续深入，基本上肃清了四川一带张献忠余部。击破大西军，鳌拜实居首功。

第二章 史家的笔墨，写不清忠与罪◇

无论是为清军入关，还是入关之后为清政府一统中原，鳌拜都在大大小小的战役中勇猛过人，出生入死，立下了汗马功劳，是当之无愧的清初开国功臣。

鳌拜不仅是战场上的一员骁将，也是皇太极忠心耿耿的心腹。崇德八年（1643年）八月初九，皇太极逝世，满洲亲贵在帝位继承上出现矛盾。皇太极长子肃亲王豪格与皇太极之弟多尔衮争立。皇太极生前统领的正黄旗与镶黄旗拥立豪格，而多尔衮自领的正白旗与镶白旗则拥立多尔衮。双方争持不下，形势极其严峻。

八月十四日，代善于崇政殿召集会议讨论继承人选。鳌拜于当天清晨与两黄旗大臣盟誓于大清门，坚决拥立先帝（皇太极）之子，并命两旗精锐护军全副武装环卫崇政殿，做好了不惜兵戎相见的准备。当会议之中争论不休时，鳌拜与效忠于皇太极的一批将领纷纷离座，按剑而前，齐声说道："我们这些臣子，吃的是先帝的饭，穿的是先帝的衣，先帝对我们的养育之恩有如天高海深。如果不立先帝之子，我们宁可从死先帝于地下！"在这种形势下，多尔衮不得不做出让步，提出拥立皇太极第九子、6岁的福临继位，由自己和郑亲王济尔哈朗一同辅政。这一折中方案最终为双方所接受。

顺治帝亲政后，闻知鳌拜、索尼等人曾经盟誓"一心为主，生死与共"，遂对鳌拜极为敬重，视为心腹重臣。从此，鳌拜随侍顺治帝身边，直接参与管理国家各类事务，如商讨本章批复程序，联络蒙古科尔沁部，调和太后与皇帝之间的关系，协助会审案狱，自教武进士骑射等。应该说，鳌拜对顺治帝还是忠心耿耿的。

正是由于这个原因，顺治帝对他也十分关心和信任。顺治十三年（1656年），鳌拜旧伤复发，卧床不起，顺治帝亲临鳌拜府邸去看望慰问。顺治十四年（1657年）冬，孝庄太后病重，顺治帝朝夕侍候。鳌拜昼夜于宫中侍候，都顾不上自己休息吃饭，深获顺治帝的赞赏。

顺治时期，多尔衮作为摄政王权倾朝野，不断地打击政敌。鳌拜当然也不能幸免。在多尔衮摄政期间，鳌拜有功而无赏、无罪而受罚，三次论死，备受打压。然而鳌拜对小皇帝的忠心依然没有改变。共同反对多尔衮而拥护豪格的同伴们，在多尔衮当政期间大多都已经改变初衷投靠多尔衮，但是鳌拜依然不屈不挠，始终没有迎合多尔衮。

从这些事情上，我们不难看出鳌拜的闪光点。他作为武将，骁勇善战，耿直倔强、敢于抗争；作为一个臣子，他忠心耿耿，坚守臣节，称得上是一个难得的忠义之臣。

或许是造化弄人，或许是权力太有吸引力，当小皇帝康熙一朝到来之后，鳌拜开始权倾朝野，打击异己，处处压制小皇帝，飞扬跋扈中难掩勃勃野心，这也为他的倒台埋下了仇恨的种子。小皇帝是善于玩弄帝王权术的，骗过了盲目自大的鳌拜，并最终将他活擒下狱。鳌拜的一生也就此画上了不完整的句号。

在忠与奸的定论上，我们无法用绝对的答案去定义鳌拜，也无法将其视为乱臣贼子，毕竟他曾忠勇过，为清王朝立下赫赫功勋，在顺治帝时也曾忠心护主，即使在康熙朝也并未真正做了谋逆之事。关于鳌拜，我们所能了解到的负面形象多是源于影视或者小说，历史上真实的鳌拜究竟怎样，我们无法真实知晓。

三十年河东，三十年河西。当倒在少年天子脚下的那一刻，不知鳌拜会想些什么。他穿越了刀光剑影，挣脱了政治漩涡，不曾想最后败给了一个孩子。"姜还是老的辣"这句古话，在他那里无疑是最大的讽刺。

◇历史丢失的真相

第三章　当真实遇上假象，谁才是主角

秦晋之好
并不是真的好

当一阵秋风吹过，几片落叶纷纷扬扬地飘下，漫山遍野充满了荒凉和冷寂。年轻的秦穆公站在祖辈拼杀下来的土地上，望着眼前的一切，他的心中莫名生出几许迷茫和悲凉之情。此刻，称霸的梦想和现实的羁绊让他陷入了思绪的迷宫。渐渐地，他的头脑逐渐清晰起来，将眼光落到了强大的邻居晋国的身上。他忽然眼前一亮：想起了当年祖先秦襄公对待西戎的政策——和亲。"秦晋之好"的佳话也由此开端。

第三章 当真实遇上假象，谁才是主角◇

公元前655年，秦穆公毕恭毕敬地写了一封信给晋献公。信中在一贯的客套之后，表明了这封信的目的：秦穆公希望能娶得晋献公的女儿。晋献公收到这个请求，在一阵迟疑和公开讨论后，基于政治因素，最终做出了决定：将女儿伯姬嫁给秦穆公，从而开启了秦晋之好的序幕。

晋献公老来昏庸，被美色所困，为了讨好自己的年轻妃子，为立幼子奚齐为王，竟然杀了太子申生。晋献公的另外两个儿子夷吾和重耳见状心寒，生怕下一个死的就是自己，所以均逃往别国避难。而夷吾直接投奔了姐姐伯姬，得到姐夫秦穆公的庇护。

晋献公死后，骊姬之子奚齐即位。夷吾联合里克、邳郑等臣子将新君杀死在宫中，派人通知重耳回国，但重耳忌讳夷吾的狠毒手段，拒绝了回国的邀请。不过，夷吾想要回国称王也并不是那么容易，只好请求秦穆公出兵助自己返国继位，答应事成之后送秦穆公河西5个城池。秦穆公为了得到地盘，便命大将公孙枝率三百兵车，送夷吾回晋国，这就是晋惠公。

哪知道晋惠公不守信用，当上君王便毁了之前许诺秦穆公的城池，秦穆公恼羞成怒，决定与晋国断绝往来。不久，晋国突然遭逢旱灾，颗粒无收，难民四起，晋惠公没办法，只好再次找秦穆公这个姐夫帮忙。秦穆公考虑到晋国对自己还有用处，便借粮给了晋国。

不料第二年秦国大旱，晋惠公不但不帮忙，还以怨报德，趁机攻打秦国。秦穆公异常暴怒，遂出兵迎战，将督战的晋惠公俘虏过来。伯姬见自己的弟弟被俘虏，生怕秦穆公杀了他，于是"一哭二闹三上吊"，终于令秦穆公改变初衷，迫晋惠公割地求饶。晋惠公无奈之下只好将土地奉上，还把儿子公子圉送到秦国做人质，这才使两国的关系修好。

公子圉在秦穆公眼里，就是另外一个可以利用的夷吾，于是穆公便将自己的女儿怀嬴嫁给了公子圉，让外甥成了自己的女婿。几年之后，晋惠公病了，公子圉怕父亲将国君的位置传给别人，扔下怀嬴逃回晋国，果然坐上了皇位。没想到公子圉也是忘恩负义之人，竟然定下国策，与秦国老死不相往来，妻子也不要了。

秦穆公一看这个女婿是个不义之徒，决定要帮重耳夺晋国国君的皇位，遂把怀嬴再次嫁给了重耳。论关系，重耳本是秦穆公的大舅子，但如今又成了秦穆公的女婿；怀嬴一女嫁二夫，从前夫的妻子变成了前夫的叔母。

公元前636年，秦穆公亲自率军队保护重耳重返晋国。重耳带领秦国的军队进入晋国境内之后，晋怀公也慌忙派出了军队进行抵抗，然而士兵们都不愿意打仗。秦军势如破竹，逼近国都，晋怀公见势不妙，便逃走了，后被重耳派去的人杀死。在秦穆公的帮助下，重耳名正言顺地登上了国君之位，史称晋文公。

但令谁也料不到，秦穆公扶持三代晋国国君，都遭到了背叛。晋文公拒绝与秦国往来，发愤图强，成为"春秋五霸"之一。而秦穆公直到晋文公死后才借机打败中原霸主晋国，称霸一方。

一段称霸的历程，充满了可笑的婚姻关系。表面上看，"秦晋之好"备显亲密，其实不过是政治婚姻的幌子。两国统治集团之间为了自身利益的需要，互相联合，互相利用，彼此通婚，表面上关系密切，而实质上亲家之间钩心斗角，争夺霸权，兵戎相见。似乎"秦晋之好"这段"佳话"更适合用"秦晋之争"来代替。

◇历史丢失的真相

单刀赴会

被颠倒的两个主角

围绕荆州的归属问题，一边是鲁肃邀关羽赴会，暗地里摆下鸿门宴，只等老朋友自行入瓮；一边是关羽明知山有虎，偏向虎山行，撂下"看鲁肃如何近我"的轻蔑之言。一场"单刀赴会"的精彩戏就此拉开了序幕……

在小说家的演绎下，《三国演义》中单刀赴会的关羽以身犯险，胆识超群，有勇有谋的大将风度被刻画得入木三分，也让走进故事中的人们大呼过瘾。然而，真实的历史会告诉你——这是一个人物主角被"掉包"的故事。

小说《三国演义》中的"单刀赴会"，讲的是孙权曾把荆州之地暂借给刘备作为发展势力的基地，约定等刘备取得西川后，就把荆州还给东吴。谁知刘备攻取了西川后，根本就没打算归还荆州，孙权便想要回曾借给刘备的荆州，于是派诸葛亮的哥哥诸葛瑾去蜀地交涉，谁知诸葛亮设计将诸葛瑾这块烫手山芋甩到了驻守荆州的关羽那里。结果，诸葛瑾被豪气云天的关羽遣回了东吴。

孙权见诸葛瑾没能要回荆州，便找来鲁肃问计，鲁肃便出了一招"鸿门宴"的馊主意，假意请关羽到临江亭上赴宴，暗地里埋下伏兵，只等关羽一来，就群起而攻之，本打算如果拿下关羽，再攻打荆州就容易了。谁知，关羽只让侍卫周仓抱着青龙偃月刀，随侍几人也是仅仅腰挎单刀前来赴会，身后并无大队人马跟随。小说中描绘："鲁肃惊疑，接入庭内。叙礼毕，入席饮酒，举杯相劝，不敢仰视。云长谈笑自若。"酒至半酣之时，鲁肃才提出要刘备归还荆州，关羽以言辞与其周旋，后来侍从周仓出言呵斥鲁肃，关羽借机批评周仓无礼，拿过他怀中的青龙偃月刀，将他赶出宴席。

周仓明是受到关羽的呵斥，实际上是趁被赶出宴席的时机去为隔江的关平报信，让其出兵接应。这边关羽佯装酒醉，半拉半拽地将鲁肃挟持在身边，一手拎着青龙偃月刀，一手拉着鲁肃，小说中对鲁肃当时的情状描写得极为有趣："鲁肃魂不附体，被云长扯至江边。吕蒙、甘宁各引本部军欲出，见云长手提大刀，亲握鲁肃，恐肃被伤，遂不敢动。云长到船边，却才

◇历史丢失的真相

放手,早立于船首,与鲁肃作别。肃如痴似呆,看关公船已乘风而去。"

这一段精彩的"单刀赴会",直让后人在崇拜关羽机智应敌的同时,也将鲁肃的胆小懦弱耻笑个够。

罗贯中在小说中将鲁肃塑造成一个忠厚却懦弱,虽然能为孙权出谋划策,但临敌反应却无比迟钝的东吴谋臣形象。实际上,真实历史中的鲁肃,真的就是这副样子吗?

《三国志·吴书·鲁肃传》中对其描写为:"肃为人方严,寡于玩饰,内外节俭,不务俗好。治军整齐,禁令必行,虽在军阵,手不释卷。又善谈论,能属文辞,思度弘远,有过人之明。周瑜之后,肃为之冠。"

真实历史中的鲁肃,不仅熟读兵法,足智多谋,本身也是身形魁伟,善击剑骑射,是一个文武双全的盖世将才。并非如《三国演义》中描写的那样文文弱弱,一副手无缚鸡之力的书生模样。

鲁肃效力东吴的时候,一直极力维护孙刘结盟,为东吴的稳定发展作出了极大的贡献。周瑜临死之前,曾向孙权提出接替自己的最佳人选就是鲁肃,而事实上,鲁肃也确实担当起了东吴三军统帅这一重担。

历史上的"单刀赴会"在《三国志·吴书·鲁肃传》中有

详细的记载：建安二十年（公元215年），孙刘两家因荆州一地而剑拔弩张。而此时，北方的曹操却隔岸观火，只等到鹬蚌相争，他好坐收渔利。就在战争一触即发的危急时刻，鲁肃为了维护大局稳定，提出将荆州守将关羽约到两军之间进行谈判，并不顾属下的劝告，执意单刀赴会与关羽交涉。

谈判桌上，鲁肃不畏关羽素有威名，据理力争，对于关羽的推诿狡辩之词并不买账。他言辞恳切，不卑不亢，先陈述了孙权当初借荆州给刘备的仁慈之举，又痛批了刘备得西川而不还荆地的不义行为，最后又以忠君大义来劝解关羽应劝主行义，不该纵容刘备这种无赖的行为。

面对鲁肃的慷慨陈词，《吴书》中以一句："羽无以答。"尽数关羽理屈词穷的窘态。在鲁肃的全力争取下，孙刘两家以湘水为界，划荆州而分治，总算免去了一场兵祸。

或许有人不服气，既然这件事情是在《吴书》中记录的，自然要极力美化东吴的谋臣，而丑化蜀将关羽。然而，如果"单刀赴会"真的是关羽的一次壮举，那么在《蜀书》中自然要大书特书，以彰显蜀将神威。但是翻开《三国志·蜀书·关羽传》，通读整篇，却无一言提及这次两军阵前的谈判。

自汉代史学家司马迁作《史记》后，历代史官都效仿太史公的春秋笔法，在君主公侯的个人传记中只写其正面形象，而

◇历史丢失的真相

在其他文章中注重隐笔的侧面描写。如果说"单刀赴会"真的是关羽的一次壮举的话，又为什么在鲁肃的传记中有如此细致的记述呢？

因此说，历史中的"单刀赴会"，主角根本不是关羽，而是东吴的三军统帅鲁肃。

千百年来，关羽的形象已是深入人心，我们惊叹他的忠勇，钦佩他的仁义，在人们的眼中，他已是大神级的存在。但历史需要正视，事件需要还原，"本故事纯属虚构"的事，还是尽可能避免为好。

武则天

杀女并非一个定论

善弄权术、工于心计,而又心狠手辣,很多史书对她的残忍阴险大加鞭挞;明察善断、知人善任,而又治国有方,皇位之上的她又展现出了勤政安国的另外一面。作为一代女皇帝,武则天的一生经历了太多的血雨腥风,也裹挟了太多的是非恩怨。其中,武则天掐死女儿安定公主的说法古今盛传,也为历史蒙上了一层凄凉而虚幻的阴影。

一直以来,"武则天为夺取后位,掐死了自己的亲生女儿,嫁祸王皇后"的说法在民间广为流传,这个说法也得到了许多正统史学著作的认同。但是,学者孟宪实提出,从种种迹象和史料来看,武则天其实并未"振喉绝襁褓之儿"。

武则天在中国历史上横空出世,是一个历史奇迹。但是,成功地获得皇位的武则天,也为此付出了很大的代价。作为一

◇历史丢失的真相

个女皇帝，在男权至上的古代社会里是很让男人们恐慌和不平的。因此把武则天视为妖魔的思想一直占据着传统史学的主流地位，"武则天掐死了自己的亲生女儿"的说法就是一个典型事例。

翻开当时的史籍记录，不论是《唐会要》还是《新唐书》，多是强调小公主之死给王皇后带来的危机，而没有直接说小公主是被母亲武则天杀死的。并且，王皇后的危机也不是从小公主之死开始的，而后来王皇后被废，也没有证据显示公主之死发挥了作用。

其实，王皇后的危机，早在武则天入宫之前就已经显现。王皇后虽然出身名门，但是她跟唐高宗的关系似乎从很早就存在问题。唐高宗与萧淑妃连续生育一儿两女，《唐会要》里说："时萧良娣有宠，王皇后恶之。"武则天能再次进宫，全拜王皇后所赐，而王皇后的动机主要是为了利用武则天打败萧淑妃。但是事与愿违，武则天"既入宫，宠待逾于良娣，立为昭仪"。王皇后引狼入室，萧淑妃因此失宠，武则天后来者居上，王皇后依然不得宠爱。

唐高宗不喜欢王皇后，才是王皇后真正的危机所在。也正是因为皇后有如此的危机，她的舅舅柳奭才迫不及待酝酿立太子的事情。《新唐书》中说："王皇后无子，后舅柳奭说后，以忠母微，立之必亲己，后然之，请于帝。又奭与褚遂良、韩瑗、长孙无忌、于志宁等继请，遂立为皇太子。"

李忠被立为太子后不久，唐高宗与武则天的第一个儿子出生。这个儿子被命名为李弘，而这个名字本身就意味深长。南北朝以来，道教兴盛，社会上一直盛传"老君当治""李弘当出"的谶语，宣传李弘为真命天子。唐高宗和武则天给儿子命名为李弘，就有应谶而为的意思。而当时李忠已经被立为太子，这不正暗示着对李忠的不认可，对王皇后的某种不承认吗？明确地说，这个时候，唐高宗很可能已经有了换皇后的念头。

在《唐会要》《旧唐书·武则天本纪》和《新唐书·王皇后传》的记载中，在描述双方斗争的时候，立场有所不同，但是武则天的胜利却是公认的。所以，废黜王皇后在唐高宗这里根本没有感情障碍，障碍只在朝中大臣而已。此时，对已经失败的王皇后的继续打击，武则天有必要付出亲生女儿的生命这样沉重的代价吗？何况，唐高宗在皇后被废的时候，申诉的理由是"皇后无子"，从来没有谈及皇后杀死公主的事情。

后来，李敬业在扬州起兵时，骆宾王声势浩荡的《讨武曌檄》里并没有提及武则天掐死小公主的事情。如果确有其事，哪怕仅有一点点传言，骆宾王会手下留情吗？

另外，被公认为对唐朝历史写得最客观的《旧唐书》里，

◇历史丢失的真相

压根儿没有提到什么公主被谋杀的事,关于小公主的死亡,只是记载她是武后的长女和死亡的事实而已。更奇怪的是,小说里绘声绘色描述武则天偷偷掐死自己的女儿,偷偷地溜出去,整个过程没人发觉,既然没人看见那作者又是怎么知道的呢?

因此,关于武则天掐死亲生女儿的事情是后人丑化武则天的结果,所以不可全信。

杨家将

满门忠烈的虚虚实实

在北宋的抗辽战场上，金沙滩一役是惨烈的，杨家父子兄弟8人，只剩一人生还。此后，这个家庭唯一的男丁——杨六郎继续为国拼杀。接着，杨业之孙杨宗保、杨文广也投入到了抗辽保宋的战场。当这家男丁尽亡、宗嗣仍幼的时候，杨家的寡妇们披甲上阵，担起丈夫们生前的使命……这是文学和影视中的杨家将，一门忠烈，前仆后继，令人潸然落泪。

历史上的杨家将到底是怎样的呢？其实，文学和影视中的杨家将里的很多事件和人物都与史实不符。

提到杨家将，人们首先想到的便是杨业，他是杨家将的第一代。而历史上真实的杨业与杨家将故事中的杨业不尽相同。

杨业本名叫杨崇贵，其父杨信是麟州的土豪，趁五代混乱的时候，占据麟州，自称刺史，卒于任上。北汉建立后，杨信之子杨业即追随北汉世祖刘崇，任保卫指挥使，以骁勇远近闻名。国人号为"无敌"。宋太宗素闻杨业之名，于北汉灭亡后，遣使召见杨业，授右领军卫大将军。宋太宗以杨业对防御辽有丰富经验，累迁代州刺史兼三交驻泊兵马部署。太平兴国五年（980年），辽大军从雁门大举进攻，杨业从小路率领数百骑兵绕到辽军背后，与潘美的部队前后夹击辽军，大获全胜，缴获很多兵甲战马。

雍熙三年（公元986年），宋太宗派出三路大军征讨辽，其中潘美为西路军主将，杨业为副将。当时，辽10余万大军已经反击，攻破了寰州。辽军兵力占有很大的优势，杨业等人的任务只是迁移民众，不需要与辽军决战。他向潘美进言，上万全之计。杨业与辽交锋多年，更深知边境地势，他根据实际情况作出的判断非常正确。但是护军王侁和刘文裕却不以为然，非要与辽正面交锋，并且以怯敌嘲笑杨业。最后杨业力争不果，只能冒险出击，他和潘美做了约定，让潘美在要道陈家谷部署步兵强弩接应。杨业力战尽日，转战到陈家谷，没有看到接应的人马，非常悲愤，再率领部下力战。杨业身受几十处伤，左右殆尽，仍手刃辽军数十百人，杨业筋疲力尽，战马又受了重伤，最后为辽军生擒。杨业之子杨延玉，以及部将王贵、贺怀浦全都力战而死。杨业被擒不屈，绝食三日而死。

第三章 当真实遇上假象，谁才是主角

杨业死后，他的子孙继承其精忠报国的遗志，坚持抗击辽军。其中杨延昭、杨文广最负盛名。

杨延昭本名杨延郎，为了避讳，而改名杨延昭。幼年的杨延昭沉默寡言，但是总是喜欢玩行军作战的游戏，杨业看了以后说："此儿类我。"以后出征，必然带杨延昭同行。杨延昭就在这样的环境中成长熏陶，成年以后，也成为一个职业军人。雍熙三年北伐，杨延昭与父兄一起出征，攻打朔州的时候，杨延昭作为前锋进攻，被流矢射穿了手臂，他却更勇猛地作战。杨业阵亡以后，杨延昭由供奉官升迁为崇仪副使。

杨文广是杨延昭的第三个儿子。杨文广曾讨贼张海有功，授予殿直。后来，韩琦派杨文广率领部队在筚篥筑城，控制要道，防御西夏。杨文广先扬言要到喷珠筑城，然后率军迅速赶往筚篥，黄昏时赶到目的地，连夜抢修城寨，构筑好了防御工事，做好了战斗准备。第二天天明，西夏骑兵大至，看到宋军已经占据有利地势，做好准备，只能无奈地撤退，杨文广乘机遣将出击，斩获西夏兵很多。皇帝下诏嘉奖，赏赐丰厚，并任命他知泾州镇戎军、定州路副总管，迁步军都虞候。辽与宋朝在代州的边界划分上发生争执。杨文广向朝廷献上阵图以及攻取幽燕的策略，还没等到朝廷的回音，杨文广就死于任上。

杨业、杨延昭、杨文广，这三个人是历史中杨家将的主要

人物。杨家将三代血战报效朝廷的事迹，为后人所传扬。尤其是杨业和杨延昭，在北宋时期，已经天下闻名。

北宋文学家欧阳修称赞杨业、杨延昭"父子皆名将，其智勇号称无敌，至今天下之士至于里儿野竖，皆能道之"。宋朝的民间艺人开始把杨家将的故事编成戏曲，搬上舞台。在南宋遗民所著的《烬余录》中，将杨嗣（实为杨业的叔父）的功绩安到杨延嗣身上，将杨文广的事迹，创造出了一个杨宗保。此外，还杜撰了杨家将父子救援宋太宗的情节。到了明朝，又有人编撰出《杨家将演义》，以及以《演义》为底本，写出了《北宋志传》，在戏曲中，杨家将的曲目更受人欢迎。因为明朝中后期的形势，也是面临外敌入侵、朝廷积弱的局面，杨家将的故事也得以在这个背景下广泛流传。然而根据某些历史考证，佘太君、穆桂英等人物并非真实存在，而是民间杜撰出来的。其实历史上杨家将没有佘太君，没有杨宗保，也没有穆桂英。

在杨家将故事整个的流传过程中，古代朝廷希望通过宣传杨家将，强调忠孝的思想。而在民间，人们之所以乐道杨家将的故事，是出于保国抗敌、崇忠仇奸的传统观念。

惨烈的浴血厮杀已消逝在岁月的风雨里，无尽的家国仇怨也被掩埋于历史的深处，但杨家的壮举依然在后人心中铭记，是那么的气冲霄汉，又是那么的荡气回肠⋯⋯

狸猫换太子

真实的情感，虚构的传说

每每提起《狸猫换太子》的故事，无人不知，无人不晓。离奇的情节、曲折的情仇、圆满的结局，总能于半虚半实中让人产生情感的共鸣。而故事的主人公，就是宋朝在位时间最长的皇帝宋仁宗。

宋仁宗赵祯，乃宋真宗之子。他于乾兴元年（1022年）即位，由刘太后垂帘听政，明道二年（1033年）太后死，才开始亲政。宋仁宗虽然出生于宫廷，但是关于他的身世，至今流传着"狸猫换太子"的说法。

在京剧《狸猫换太子》中，包拯巡行到地方，在经过一处破窑时，被一位老妇人拦住，老妇人向包拯哭诉了自己鲜为人知的悲惨而又离奇的身世。经过仔细推敲，包拯认定她就是当今圣上宋仁宗的亲生母亲李娘娘，于是他立刻回京查访当年还在世的老宫女，终于明白了事情的来龙去脉。

◇历史丢失的真相

当时这位李娘娘只是宋真宗后宫一位小小的宫女，由于受皇帝宠幸，被封为才人，进而升为婉仪，并且还怀上了"龙种"。那时候，母凭子贵，李娘娘幻想着生下儿子，在后宫拥有自己的一席之地。在得知李娘娘生了儿子之后，当时的刘德妃（后来的刘皇后）异常嫉妒，于是她便买通了接生婆，用一只剥了皮的狸猫，换去了刚刚出生的宋仁宗。等到宋真宗下朝回来要看自己的骨肉时，却只看到了一个血淋淋的怪物。后果可想而知，宋真宗不分青红皂白，立刻将李娘娘打入冷宫。后来，刘德妃又升为皇后，就对李娘娘起了灭口之心。李娘娘看出刘皇后的心思，就在一位好心的宫女帮助之下，急忙逃出了深宫，从此就躲到了一处破窑里，隐姓埋名、孤苦伶仃地生活了20年，期盼着有一天能骨肉团聚。

包拯一向清正廉明、大公无私，他为了洗雪李娘娘的冤仇，就把她带回京城，想方设法让宋仁宗认了真母。此时，几十年的冤案真相大白，坏人得到了应有的惩处，李娘娘也母子团圆，被封为李宸妃，结局十分美满。

尽管《狸猫换太子》这部京剧的结局十分完美，可是它究竟纯属伪造还是确有其事呢？

关于宋仁宗认母，史上确有其事。刘妃、李妃，也确有其人。只是历史的真相却非大家所熟知。

第三章 当真实遇上假象，谁才是主角

宋真宗皇后刘娥，华阳人，她本是嘉州一个银匠龚美的妻子，后来随着龚美从四川来到东京（今河南开封）。当时的宋真宗赵恒为襄王，是宋太宗第三子。他听闻四川出美女，便要找一个蜀姬。刘娥得知，便想方设法进了襄王府。赵恒与刘娥一见钟情，如胶似漆。宋太宗得知后，怒令赵恒将刘娥赶走，赵恒无奈，便把刘娥秘密安排在一个亲信家，暗中幽会达15年。

宋真宗即位后，把刘娥召进宫，先是封为美人。郭皇后死后，宋真宗有意立刘娥为后，遭到大臣们反对，但在三年中将刘娥升至德妃。刘娥没有亲戚，遂将前夫龚美改姓刘，认为兄长。

宋真宗曾有五子，但相继夭折。已经四十多岁的他忧心忡忡。于是刘娥借腹生子，命自己的侍女李氏服侍真宗，不久生下一子，名受益，后改为祯。李氏刚生下赵祯，刘娥便赶到，通过威胁利诱抢走了赵祯，并告诫所有知情人不得外泄一丝信息。刘娥母凭子贵，顺利被册封为皇后。

李氏，杭州人，家境贫苦，与弟弟李用和相依为命。李氏入宫，与弟弟离散，替刘娥生下太子。但是她被剥夺了太子生母的身份，心情悲苦可想而知。宋真宗倒还记得李氏，时有临幸，后来李氏又生下一个女儿，但不久夭折。刘娥并没有按身边太监的意思杀掉李氏，还帮她找到了失散多年的弟弟，并授

以官位。李氏生前默默无闻，宋仁宗即位后，刘后临朝，也没人敢告知皇帝真相。后来李氏病重，刘后匆忙加封其为宸妃，但是封号没能挽救李氏性命，她带着对儿子的无尽思念离开了人世。

刘后本打算以普通宫女的身份葬了李氏，宰相吕夷简劝改之，最终着皇后衣冠以皇后之礼下葬于嘉庆院，后改葬洪福院。

宋仁宗亲政后，得知自己身世，哭得死去活来。他追尊李氏为皇太后，并开棺勘验是否为刘后毒杀以及衣冠之制。之后连续为李氏上尊号，建神庙，给李氏唯一的弟弟高官厚禄。

李氏生前之遭遇，与死后之荣华形成鲜明的对比。后人同情李氏的遭遇，以借腹生子之事为原型编写故事"狸猫换太子"，并且没有让李氏早早死去，而是苦尽甘来，在生前就享受了她应有的一切。

千百年来，《狸猫换太子》的故事不知感动了多少人，人们乐见它的虚构，也乐见结局的圆满，这背后隐藏着人们最朴实真挚的情感，也表达了人们真与善的美好心灵。

郑和

"海上丝绸之路"开拓的背后

在一望无尽的大海上,碧空万里,海鸥云翔,浩浩荡荡的大明船队气势威严,劈波斩浪。郑和傲立船艏,任凭海风吹透衣衫,吹拂起万千思绪……作为大明船队的总指挥,他肩负着王朝的重托,也在开辟属于中国人的大航海时代。

六百多年前,随着明成祖朱棣一声令下,郑和率领庞大的船队从江苏太仓起航,驶向未知的广阔远海。七下西洋的世界壮举由此开端,东南亚海上丝绸之路由此开辟,这也是中国古代航海史上最为辉煌的篇章,不仅传播了中华文明,也推动了中国和亚非国家的经济发展。

进入 21 世纪,中国提出"一带一路"倡议,如今,这条东南亚海上丝绸之路在共建"一带一路"的东风下被唤醒,中国与海上丝绸之路沿线国家得以在各领域开展全方位合作,对促进区域繁荣、实现互利共赢、推动全球经济发展具有重要意义。

但是令我们有些疑惑的是，自古以来，中国历朝历代都属于典型的内陆性格，各个朝代极少对海洋世界发生兴趣。我们不禁要问，为什么明成祖会萌发航海的念头呢？他这样做的起因是什么？目的又是什么？对此，有人考证说，明成祖此举是为了寻找下落不明的建文帝。

建文帝朱允炆登上皇位后，为了维护自己的统治，在黄子澄、齐泰和方孝孺等人的辅佐开始削藩，这一做法引起藩王的不满。建文元年（1399年）八月，燕王朱棣打着"清君侧"旗号起兵，史称"靖难之役"。朝廷和燕王之间开始了一场血腥的、持续三年的军事对峙。建文四年（1402年）六月，燕军渡江直逼南京城下，谷王朱橞与曹国公李景隆开金川门迎降，京师遂破。燕兵进京，在燕王军队抵达后的一场混战中，南京城内的皇宫大院起了火。当火势扑灭后，在灰烬中发现了几具烧焦了的残骸，已经不能辨认，据太监说他们是皇帝、皇后和他的长子朱文奎的尸体。但是朱棣很不放心，担心建文帝并没有死。

"靖难之役"后，建文帝的尸体一直没有找到，所以有人推测他可能是南下或者流亡海外。由于建文帝不但得到中土百姓的爱戴，更得到了中国周边国家的认可，视之为正统的中国皇帝。因此朱棣登基以后，生怕民间说他是乱臣贼子，所以他势必要找到建文帝，令后者给予自己以名正言顺的皇帝资格，以便自己统治中土江山，同时与周边各国建立睦邻友好关系。

郑和下西洋寻找建文帝的这种说法还有待商榷，因为如果单纯是为了寻找退位皇帝，明成祖朱棣没有必要吩咐郑和带着大量中土的特产和财物四处赠予东南亚、南亚国家。仔细考察明成祖行为，就可以看出他的动机在于笼络这些周边国，一方面令其了解到中国的皇帝已经易主；另一方面，是为了促进中国的外交事业，与已经和明朝政府丧失联系的海外诸国重新建交。不过，建交目的只是其一，成祖真正想制造的效果是"万国顺服"的国际形势。

从永乐三年（1405年）至宣德八年（1433年），郑和率领着当时世界上最大、最先进的船队七下西洋，访问了印度洋、阿拉伯地区、东非各国，航程10万余里，最南到爪哇，最北到阿拉伯半岛，最西到非洲东海岸。百艘战舰以及万名官兵，航行在茫茫的太平洋和印度洋上，来往于马六甲海峡，如此庞然大物，足可称霸沿海各国。这番阵仗，不是明成祖真的想要侵略周边各国，而是威慑式的外交战略，以彰显大明国威，令万国对明室不敢小觑。在与这些国家的交往中，尤以麻喏八歇国和锡兰国为典型。

◇历史丢失的真相

郑和第一次下西洋时,正好到达爪哇岛上的麻喏巴歇国。当时,这个国家的东王、西王正在打内战。东王战败,其属地被西王的军队占领。郑和船队的人员上岸到集市上做生意,被占领军误认为是来援助东王的,致使100多人被西王误杀。郑和部下纷纷请战,急于向麻喏巴歇国进行宣战,给以报复。

西王得知误杀后,十分害怕,派使者谢罪,并说愿赔偿6万两黄金赎罪。郑和得知这只是一场误杀,又鉴于西王请罪受罚,于是禀明王朝,希望化干戈为玉帛,和平处理这一事件。明王朝最终决定从宽处理,同时放弃了赔偿要求。西王知道后,十分感动。两国从此和睦相处。如今,在当地至今还流传的"麻喏巴歇国6万两黄金"的故事。

无独有偶,郑和第三次航行时路过小国锡兰,国王贪婪,欲抢郑和的财物,于是让王子缠住郑和,并派兵5万劫掠船队。情况十分危急,郑和却艺高人胆大,仅以2000人的力量攻占了王宫,活捉了锡兰国王,送回大明。结果国王并没有被杀,反而被送回锡兰,从此这个小国成了明朝的忠实拥护者。

本着人不犯我、我不犯人的外交策略,郑和七番航行确确实实达到彰显国威,宣扬中土的效果。与此同时,也加强了中国海外贸易的发展,还间接促成与东南亚国家长达一百年的繁荣。而额外的收获,则是使当时中国人的眼界大为开阔。随从郑和航行的马欢著有《瀛涯胜览》，费信著有《星槎胜览》，巩珍著有《西洋番国志》，上面记载了所经各国的风土人情。这七次下西洋的过程中，郑和命人绘制的航海图——《自宝船厂开船从龙江关出水直抵外国诸番图》蜚声中外，虽然其中不乏错误之处，却具有极为重要的学术价值和地理价值。明成祖大概也未想到自己的创举竟能影响海外数百年之久，更没想到对21世纪海上丝绸之路产生无比重大的作用。

迎着朝阳与日落，迎着历史的狂风与波涛，一艘艘巨船驶向天际，彰显着一个王朝的鼎盛与气度，也缔造了世界航海史上的伟大壮举。

◇历史丢失的真相

独臂神尼

//////// 书中的功夫侠，书外的弱女子

她本是皇家的贵公主，奈何命运不济，身世悲凉。在王朝倾覆的刹那，她承受了父皇无奈而残酷的诀别一剑。从此，她成了小说中的独臂神尼，也成了现实中凄惨的弱女子。

明朝长平公主，一个乱世惊涛中的不幸者。

在民间传说中，有一位武功超凡的独臂女尼，乃是明末崇祯皇帝的女儿长平公主，曾与袁崇焕之子有过婚约，但因为国破家亡，被父亲砍去手臂后流落民间。怀着深仇大恨的公主从此斩断儿女情丝，遍访名山，拜师学艺，终于练就了一身过硬的武功，誓要为父母报仇雪恨。人们称其独臂神尼九难，即《鹿鼎记》中的九难。

传说独臂神尼九难收了八个天下无敌的徒弟：了因、黄仁父、李源、周浔、白泰官、路民瞻、甘凤池、吕四娘。吕四娘

后来潜入深宫，刺杀了雍正皇帝，辗转为师父报了仇。这八个了不起的徒弟，被称为"清初八大侠"而威震天下！

其实，真实的长平公主并没有这么好的命。袁崇焕督师也没有这么好的命，他死的时候，儿子还没有生出来呢，上哪里去跟长平公主订婚约？

历史上真实的长平公主名叫朱媺娖，生于1628年，是崇祯皇帝的第二个女儿，也是六位公主中唯一长大成人的一个，16岁时被封为长平公主。崇祯对她很疼爱，虽然国事繁重，但还是为她挑选了驸马——状元周显。由于处在大明王朝即将倾覆的动荡之际，长平公主与周显的婚期一拖再拖，始终没能举行婚礼。

李自成攻破北京城的时候，崇祯为了不让宫中后妃和公主受到凌辱，决定杀死她们。他令后宫所有妃嫔自裁，周皇后等人自缢身亡，而有几个妃嫔怕死，不肯自裁，崇祯就挥剑将她们砍死。接着崇祯又直奔寿宁宫，在用剑砍杀长平公主之时，悲曰："汝何故生我家！"崇祯一剑砍下，长平公主用左臂一挡，左臂顿时被砍断，立时昏厥。崇祯以为她已经死了，就没有再砍第二剑。随后，崇祯自缢于北京煤山的一棵树上。

清军引兵入关后，为了笼络人心，多尔衮下令为崇祯帝哭灵三日，上谥号怀宗端皇帝，后来又改称庄烈愍皇帝。与此同时，将他和周皇后的棺木起出，重新以皇帝之礼下葬，葬在昌平明皇陵区银泉山田贵妃陵寝内。

看着父母终于入土为安，长平公主也有了一丝安慰。但是，在清顺治二年，长平公主知道自己的弟弟"太子慈烺"在南京被堂兄朱由崧监禁的消息后，再次陷入绝望，遂向顺治帝上书，说："九死臣妾，踽踽高天，愿髡缁空王，稍申罔极。"希望自己能够出家为尼，断绝这尘世间的哀伤悲痛。

然而，为了让汉人归心，以反衬弘光帝虐待崇祯子嗣的恶行，顺治帝不但不许公主出家，而且还让她与崇祯为她选定的驸马周显完婚，并且同时赐予府邸、金银、车马、田地。身不由己的长平公主接到这道诏命后泪如雨下，痛哭流涕。但是，不管她愿不愿意，隆重浩大的婚礼还是如期进行。

婚礼之后，仅仅过了几个月，长平公主又得到南京城破、狱中"朱慈烺"乃是假冒的消息，心灵重度受创，苦苦支持她的精神支柱瞬间彻底崩溃。几个月后，长平公主便在万念俱灰的哀怨中病逝。时为顺治三年，年仅18岁，死时尚有五个月的身孕。

长平公主短暂的人生就此结束，她的命运起伏太大，超出了她能够承受的范围，当然，她更加不能与《鹿鼎记》中教韦小宝武功的绝世神尼相提并论了。

第三章 当真实遇上假象，谁才是主角◇

青灯孤影里，万念俱灰，独自泣泪。在生命的最后日子里，她该多么的心碎和无助。后世有人题诗说："可怜如花似玉女，生于末世帝王家。国破家亡烽烟起，飘零沦落梦天涯。"十八岁的年华定格了，透着无尽的哀怨和悲伤。生于帝王之家，于她是最大的不幸。

◇历史丢失的真相

第四章 尘埃落定的故事，出人意料的人物

孔子
乃是文武双全的奇才

在很多人的认知里，他应该是彬彬有礼、温文尔雅的文弱书生，是千秋盛名、满腹经纶的儒学鼻祖。可是，让人惊讶的是，真实的他却是个五大三粗、能文能武的奇才，你或许不敢相信，但这是真实的。

在中国的历史上，由人而圣而神，受历代人不断拜祭的只有一位，那就是孔老夫子。不过，由于年代久远，资料匮乏，人们对孔子的了解并不多。在许多人的心目中，只有一个孔子的牌位，而没有一个有血有肉的活生生的具体的人。

第四章 尘埃落定的故事，出人意料的人物

孔子作为儒家学说的立派祖师，其"道德文章"上的成就自不消说：孔门七十二贤哲，以及日后影响巨大、在传承古代知识和文化发挥重大作用的各个儒家流派，都是明证。

可是，孔子的本事不止于此，有人就说他的武功也很厉害，是真正的"文武双全"，这大大地超出了一般人对孔子的想象和评价了。这种说法有什么根据呢？

《史记·孔子世家》中记载，"孔子长九尺有六寸，人皆以'长人'而异之"。如果按照春秋时代的尺寸来折算的话，一尺大约20厘米，孔子的身高大概1.9米左右。这样一个巨汉，气力不会太弱，手上也该有点功夫吧？而这些推论并非猜想虚构。

孔子的父亲叔梁纥是鲁国的虎将，在战争中非常勇猛。《左传·襄公十年》中记载："丙寅，围之，弗克。孟氏之臣秦堇父辇重如役。偪阳人启门，诸侯之士门焉。县门发，郰人纥抉之以出门者……孟献子曰：《诗》所谓'有力如虎'者也。"意思是：初九日，包围偪阳，不能攻克。孟氏的家臣秦堇父用人力拉了装备车到达战地，偪阳人打开城门，诸侯的将士乘机进攻。内城的人把闸门放下，郰县长官叔梁纥双手举门，把进攻城里的将士放出来……孟献子说：这就是《诗》所说的"像老虎一样有力气"的人啊。所以，孔子的父亲叔梁纥实在可以算作一个"万人敌"的高手。

◇历史丢失的真相

"虎父无犬子",人们不禁要猜想,有这样一位父亲,孔子的功夫应该也不差。《列子·说符篇》记载:"孔子之劲能拓国门之关,而不肯以力闻。"意思是说,以孔子的力量能徒手打开城门,却懒得跟你炫耀。《淮南子·主术训》也记载:"孔子之通,智过于苌弘,勇过于孟贲(古代勇士),足蹑与郊菟,力招城关,能亦多矣。"孔子不但是个大力士,跑得还飞快,能跟野兔争高低。当然,这些描述可能有夸张成分,但也不难看出孔子的威猛和勇武。

此外,儒家的课业里,最基础的乃是六艺,即"礼、乐、射、御、书、数"。这里面的"射"是射箭,"御"是驾车,这两样是"全武行"。而孔子不仅传授六艺,他本身就是以六艺闻名于天下,可以肯定,孔子对射箭和驾车肯定擅长。

"以不教民战,是谓弃之。"这是孔子的名言,意思是平时不对老百姓进行军事训练,一有事就仓促征召其上战场,这无异于叫他们白白送死。所以,他虽然主张"仁",反对战争,但孔子深知在那个乱世,自己的苦口婆心是收不到什么效果的,因此他对"足食足兵"都非常重视。

然而,以上种种虽能证明孔子文武双全,但他肯定也不像武侠小说里的大侠那样飞檐走壁。事实上,身处乱世,又遭人轻贱讥讽,孔子却几乎没有"亲自下场"教训别人的机会,这不光是因为他生性仁厚,"不肯以力闻",更重要的是,这些事都由脾气火暴、武艺高强的子路代办了。

与练武强身、除暴安良相比,孔子更关心的是社会人生,天命所向,他俯仰天地,容纳万物,时刻牵挂的是天下太平、百姓富足和乐。与这些相比,那些争勇斗狠的匹夫之勇实在不算什么。

◇历史丢失的真相

蔡伦

////////// 活在阴暗中的宦官

新皇帝亲政,他预感到了死亡的临近,紧张、忐忑、焦虑、恐惧……他的精神已经濒临崩溃。而这一切,都是自己造孽的缘故。此刻,他心如死灰,再看不到半点活的光亮。他脑海里浮现出自己被各种酷刑惩处的场景,而他不希望自己成为别人俎上鱼肉,自杀就成了他体面离去的最后选择。

众所周知,四大发明是中国的骄傲,说起四大发明,就不能不提到蔡伦。作为造纸术的发明者或改进者,蔡伦的名字可谓家喻户晓、妇孺皆知,可是却很少有人了解他的人生轨迹,而他的最后归宿更是不为人所知。说蔡伦最伟大,自然不会有任何异议,因为造纸术位列中国人的"四大发明"之首,而另外三项火药、指南针和印刷术在千年后才出现。

蔡伦大约生于公元 63 年。公元 75 年,10 多岁的蔡伦离开

第四章　尘埃落定的故事，出人意料的人物

生他养他的父母，被带到了几千里之外的京城洛阳，进了宫，开始了太监的生活。既来之，则安之。蔡伦从进宫的那天起，就决定要做一个出人头地的大太监。在这个"远大"理想的指导下，他一面做好本职工作，一面刻苦学习，第二年，就当上了小黄门。不久，蔡伦就被提升为主管公文传达的黄门侍郎，有了接触帝后妃嫔、王公大臣的机会。

俗话说："常在河边走，哪能不湿鞋？"蔡伦和后妃们见面交往多了，结果不由自主地介入了她们之间的明争暗斗。

当时，汉章帝的窦皇后肚子不争气，生不出儿子来，所以她一看见有了龙子的妃嫔，就妒火中烧，粉面通红，暗地里则想方设法要将她们打倒在地，然后再踏上一脚，蔡伦竟然成了她的帮凶。窦皇后先指使蔡伦诬陷太子刘庆的母亲宋贵人"挟邪媚道"（就是借助歪门邪道迷惑皇上），逼她自杀，并将太子废为清河王；接着，她又安排人写匿名信陷害皇子刘肇的母亲梁贵人，并强行将尚在襁褓之中的刘肇带走，使其成为自己的儿子，并让皇帝立其为太子。对于蔡伦来说，宋贵人之死，既为他带来了意想不到的高官厚禄，也早早地给他挖好了埋身的墓坑。

公元88年，汉章帝驾崩，10岁的刘肇继位，这就是汉和帝，由以前的窦皇后，而今的窦太后垂帘听政。窦太后一掌权，蔡伦的春天来了，他因功而被提拔为中常侍，随时陪在小皇帝

身边，参与国家大事，俸禄两千石。东汉后来的灭亡和太监乱政有着极大的关系，而蔡伦正是东汉宦官干政的始作俑者。

10年之后，蔡伦的靠山窦太后薨逝，但他马上投靠了新主子，和帝的皇后邓绥。实事求是地说，这个新主子并不是个坏人，作为皇后其在历史上是有较高地位的。

邓皇后是个才女，喜欢吟诗作赋，舞文弄墨，同时她又是一个喜欢节约、不尚奢华的人，所以她非常需要一种比帛纸省钱，质地又好的纸张来写字画画。从小就聪明的蔡伦到这时才发现自己真正有了用武之地，于是，他自告奋勇兼任主管御用器物制作的尚方令，怀着为主子鞠躬尽瘁的精神专心改进造纸技术。他总结西汉以来造纸经验，利用树皮、破布、麻头、渔网等原料精心制造出优质纸张，受到皇帝皇后的喜爱，造纸术也因此在东汉全境得以推广。

就在蔡伦成功改进造纸术这一年，汉和帝英年早逝，刘祜继位为皇帝。这一消息把蔡伦吓了个半死，因为刘祜正是当初被废的太子刘庆的儿子。简单地说，就是蔡伦和窦皇后曾经合谋废掉了新皇帝的亲爹，害死了新皇帝的亲奶奶。至此，蔡伦担惊受怕的日子开始了。

就在蔡伦忐忑不安地屹立于权位之巅的时候，邓太后丢下他撒手而去了，他感觉自己一下子跌到了谷底。邓太后薨了，

第四章 尘埃落定的故事，出人意料的人物◇

汉安帝亲政了，蔡伦的好日子终于到头了，已经长大成人的皇帝即将对他展开一场彻底的反攻倒算。

蔡伦是个要面子的人，觉得与其坐以待毙，受辱而死，还不如自行了断，一了百了，于是他选择了后一条路。公元121年，为造纸术的发展做出了重大贡献的蔡伦在京都洛阳选择了自杀。

一代纸神就这样结束了自己的生命，他本可在纸上留下清白的一页，不成想留下了浓重而并不光彩的一笔。为名所累，为利所惑，他将自己推向了万丈深渊。

◇历史丢失的真相

李清照

玩得转赌博的女词人

她像凌寒独开的梅，冰清中透着坚韧和芬芳；她像一杯甘醇的酒，朦胧醉意中透着些许哀伤。走进她的词中，有着默默柔情，有着流离之苦，也有着国仇家恨……然而就是这样的一代才女，也有着独特的偏好——赌博。

宋代人好赌，赌博方法也有很多，赌球、赌棋、掷骰子、斗鸡、斗蛐蛐等都是宋代人经常玩的。看过《水浒传》的人都知道，高俅就是因为踢蹴鞠踢得好而投宋徽宗所好，从一个市井流氓一跃成为手握重权的高太尉。民间传说，宋太祖赵匡胤跟道士陈抟赌博，结果输掉了整个华山。而宋徽宗和宋钦宗被金兵俘虏的时候，虽然非常慌乱，却居然没有忘了带上象棋。由此可见，宋代赌博的风气有多严重。受宋朝赌博风气的影响，辽朝也非常好赌。辽道宗甚至在朝堂上通过掷骰子来决定谁可

第四章 尘埃落定的故事，出人意料的人物◇

以升官。

相传，真宗景德年间，辽兵大举入侵，攻到了离都城开封不远的澶州城下。宋真宗非常害怕，准备接受大臣们的建议，赶紧逃跑。在这种紧要关头，丞相寇准居然不见了。宋真宗问了之后才知道，寇准当时正在家里喝酒赌博。大家都以为宋真宗听了肯定非常生气，却没想到听到寇准在家喝酒赌博的消息以后，宋真宗却好像吃了一粒定心丸，觉得寇准肯定对击退辽兵这件事胸有成竹。

赌博从来不输的人常被称为"赌神"，相传，宋代女词人李清照也是一位赌神。她迷恋赌博，深陷其中，但却从未因赌博而后悔过。这并不是因为她过于执迷不悟，而是因为她赌博从来没输过。

"打马"是宋朝的一种赌博方法。据考证，"打马"就是人们现在所玩的麻将的前身。李清照是"打马"桌上的常客，她特别喜欢"打马"。她曾在《打马图序》中写道："夫博者无他，争先术耳。故专者能之。予性喜博，凡所谓博者皆耽之，昼夜每忘寝食，但平生随多寡未尝不进者何？精而已。"意思是："赌博没有别的诀窍，就是找到抢先的办法而已。所以只有非常专注的人才能在赌博时立于不败之地。我天性喜欢赌博，只要一赌博我就沉迷其中，不分白天黑夜，甚至废寝忘食。不管多少,每次赌博我都能赢钱回来,这是什么原因呢?其实就是因为我对赌博精通罢了。"每赌必赢,这要多精通赌博才能达到啊。

除了喜欢"打马"之外,李清照还是"依经马"的发明者。在《打马图序》的最后一段,李清照写道:"予独爱依经马,因取其赏罚互度,每事作数语,随事附见,使儿辈图之。不独施之博徒,实足贻诸好事。使千万世后,知命辞打马,始自易安居士也。"制定游戏规则并令子侄记录下来,让后世都知道,命辞打马是李清照发明的。这足以看出李清照对于赌博的迷恋程度,不仅好赌,而且还爱研究新的赌博方法。《古今女史》中甚至称她为"博家之祖"。

北宋灭亡之后,兵荒马乱,李清照随丈夫南下逃难,后来丈夫去世,前半生积蓄几乎丢光。在生活如此艰难的时候,她还对赌博这件事念念不忘。据传,她从逃难的船上下来以后,刚租了房子安顿好,就找出了赌具,要过一过赌瘾。

虽然宋代人好赌,但是宋代其实并不提倡赌博,对赌博的处罚甚至很严厉,有的人甚至因为赌博而被杀头。虽然政府管得很严,对赌博的处罚力度很大,但是赌博之风却依然盛行,甚至越来越猖獗,这足以看出宋代人对赌博的迷恋已经到了什么程度。

第四章　尘埃落定的故事，出人意料的人物◇

宋人之爱赌，不可模仿学之，切记"十赌九输，久赌必输"的忌言，因赌而锒铛入狱的大有人在，因赌而家破人亡的不在少数，因赌而走向穷途末路的人同样存在。因此远离赌博，才能远离不幸的泥潭。

◇历史丢失的真相

海瑞
///////犯龙颜，还能保身的秘密

历史总会遗留下一些争论的，有人说他刚正不阿，有人说他迂腐顽固，也有人说他"万年青草，可以傲霜雪而不可充栋梁"……不管这些说法是偏是正，明朝重臣海瑞的一生无疑是充满传奇和神秘色彩的。

明嘉靖年间，海瑞抬棺上疏，忠诚直谏。"抬棺上疏"是后人对海瑞冒死进谏的叹服之词，虽有些许夸张，但也不算过分。

历代王朝，有很多直言进谏的忠臣良将，为何独海瑞上疏而名声大噪？这不得不从嘉靖皇帝的独断专横说起。

嘉靖皇帝朱厚熜，本为藩王长子。1521年，明武宗朱厚照染病身亡，膝下无子，也无亲兄弟，于是身为武宗堂弟的朱厚熜被群臣迎接至京师，登基为帝，年号嘉靖。即位后，嘉靖皇帝想追封亲生父亲兴献王为皇帝，而众大臣却坚持认为嘉靖皇帝应过继到明孝宗膝下，以保证嫡系即位的正统不受歪曲。一

第四章 尘埃落定的故事，出人意料的人物

边是至高无上的皇帝，一边是维护正统的群臣，谁也不肯做出让步。嘉靖三年（1524年），吏部侍郎何梦春、修撰杨慎带领200余名朝臣冒死进谏，长跪左顺门下嚎哭不起。嘉靖皇帝不仅不为所动，反而令侍卫将群臣逮捕，施以廷杖之刑，更将18人杖死，毫不留情。

嘉靖皇帝在位期间，直谏敢言之臣不是被杀就是被贬，剩下的，尽是敢怒不敢言之辈。如此一来，海瑞的大胆进谏就成了非常时期的非常之事。

嘉靖四十三年（1564年），海瑞任户部主事。他对嘉靖时期的"君道不正，臣职不明"深感忧虑。当时的嘉靖皇帝已经20多年不上朝，整天深居西苑不出，斋醮玄修，妄求长生不老。海瑞忧国忧民，眼看国力日衰，不得不冒死向皇帝呈上《治安疏》，直言不讳地批评嘉靖皇帝迷信道教，大兴土木，竭尽民脂民膏；不视朝政，以至法纪废弛；听信道士妖言，不与皇子们相见，以至父子之情淡薄；在西苑深居不回宫城，导致夫妇之情淡漠；正是这些荒唐的举止，导致"天下之人不直陛下久矣"！

海瑞果然胆识过人。面对如此蛮横的皇帝，语气稍重都得提心吊胆，更何况句句铿锵，言之凿凿，直指皇帝的为政弊端。就连海瑞自己也预计到上疏之后难逃一死，事先安排好了后事。

然而，结果却出人意料。

虽然嘉靖皇帝看后勃然大怒，命随侍的宦官"趣执之，无使得遁"，然而在得知"此人素有痴名。闻其上疏时，自知触忤当死，市一棺，诀妻子，待罪于朝，童仆亦奔散无留者，是不遁也"之后，嘉靖皇帝沉默良久，拿起奏疏反复阅读。最终只命人将海瑞关押入狱，并未执行死决。

对于嘉靖皇帝没有立斩海瑞的原因，后人作了不少推测。一说海瑞官职虽小，却有清正刚直之名。其居官清廉，刚直不阿，救济黎民，有"海青天"之称，深得百姓尊敬与爱戴。若杀海瑞，则天下震动。二说嘉靖皇帝欣赏海瑞，认为可以让他"作治贪之利器"。三说嘉靖皇帝为向天下人展示其虚怀纳谏的帝王气量，故放海瑞一条生路。

当然，也有人另辟蹊径，从《治安疏》中寻找答案。海瑞上疏，开篇即将嘉靖皇帝比为汉文帝，更言"陛下天资英断，过汉文远甚"。在此前提下，才开始列举当今朝政之弊端，并将弊端之源归于"陛下误举之，而诸侯误顺之，无一人肯为陛下正言者，诣之甚也"。尽显"皇帝英明"而罪在他人之意。尤其是奏疏的结尾，海瑞又将嘉靖皇帝与"尧、舜、禹、汤、文、武"并列，只要"陛下一振作间而已"，则"天下何忧不治"？

如斯谏言，只要有机会让皇帝静心细读，便能体会其中的用心良苦，可免杀身之祸。这正是海瑞的过人之处。

上疏之事，让海瑞天下闻名，流芳千古。史说"上自九重，下及薄海内外，无不知有海主事也"。值得一提的是，海瑞入狱不到两个月，嘉靖皇帝驾崩，新君即位后便下诏释放海瑞。若非如此，恐怕海瑞躲得过阎罗王的召见，也逃不过不见天日的牢狱之灾了。

对于海瑞的一生，《明史》有赞曰："海瑞秉刚劲之性，戆直自遂，盖可希风汉汲黯、宋包拯。苦节自厉，诚为人所难能。"

◇历史丢失的真相

第五章　命运的褶皱，隐藏着怎样的无奈

唐伯虎

"被科考作弊"的风流才子

> 桃花坞里桃花庵，桃花庵里桃花仙。
> 桃花仙人种桃树，又折花枝换酒钱。
> 酒醒只在花前坐，酒醉还来花下眠。
> 半醉半醒日复日，花落花开年复年。
> 但愿老死花酒间，不愿鞠躬车马前。

好一派桃花当季的美景，好一句"酒醉还来花下眠"，这便是一代风流才子唐寅的作品之一《桃花庵歌》。

第五章 命运的褶皱，隐藏着怎样的无奈

我们对唐寅的认识大多是从《唐寅点秋香》而来。风流倜傥、放荡不羁无外乎是世人赋予他的代名词。但事实上，唐寅也是一个拥有各种辛酸故事的悲剧人物，他甚至曾经被牵连进科举案。

唐寅，字伯虎，吴县人，出生在阊门外经营小酒店的商人之家，童年时常在店里干杂活，帮助父母招待顾客。13岁那年，父亲不惜重金，为他请了一个60多岁的塾师，经过3年的闭门苦读，唐寅由老师举荐走进了府试考场，结果年仅16岁的他初试锋芒，便得中苏州头名秀才，一时誉满江南。唐寅不仅少年聪颖，能诗善文，而且从小就显露出在绘画方面的特殊才华，他师从著名画家周东村，画艺日趋精湛，几年后山水、人物、仕女、花鸟无所不工。

明孝宗弘治七年（1494年），唐寅25岁。这一年，先是家中顶梁柱、唐寅的父亲因操劳过度而去世，随后母亲因悲伤过度撒手人寰，紧接着，唐寅的结发妻子徐氏也与世长辞，不久，他幼小的儿子也夭折，唐寅在不断转换的丧服中悲哭不已。而悲伤还在继续，唐寅刚出嫁不久的妹妹，也青春早逝了。短短一年，五位至亲相继离去，风华正茂的他平添了不少白发。

弘治十一年（1498年），唐寅在祝枝山等好友的鼓励下，从悲痛中振奋。这年，唐寅高中乡试第一名"解元"，他的悲痛

也化解了不少,就等着来年参加会试,博取功名,也算告慰地下父母、妻子了。

弘治十二年(1499年),京城举行每三年一次的全国会试,即礼部试,又称春闱。各省的举人都可应考,考中者称为贡士,而后经殿试关即可金榜题名。徐经怀着对功名的热望,邀请唐寅同船共赴北京会试。两位年轻士人满以为此番可一展才华,名标金榜,谁料等待他们的却是一场厄运。

自古名高遭忌。此考的两位主考官,一个是礼部尚书兼文渊阁大学士李东阳,一个是礼部右侍郎程敏政,都是当时首屈一指的大文人。可是"才高俯视侪偶",免不了受到一些人物的嫉妒。这次,程敏政以礼部右侍郎任会试主考,更为嫉妒者所忌恨。

唐寅前一年乡试夺魁后,早已名播江南,延誉京都,担任江南乡试主考的梁储回京后,曾拿唐寅的文章给程敏政看,"敏政亦奇之"。唐寅、徐经一起抵京后,于会试前夕遍访前辈,广交名流。徐经随带书童,出手大方,引起人们的瞩目。特别是唐寅陪同徐经拜见了礼部右侍郎程敏政,而程是徐经乡试中举时的主考官,又恰恰同李东阳主持这次会试。结果受到众举子的猜忌和唐寅同乡、学友都元敬的中伤。

会试例举行三场考试,不料入试两场刚毕,流言蜚语已满

第五章 命运的褶皱，隐藏着怎样的无奈◇

京城，盛传富家子徐经贿买试题。

就在发榜前夕，"给事中（谏官）华昶弹劾程敏政鬻题"。在明代，给事中有合法的谏诤权，由言官弹劾会试主考官出卖试题，可不是小事，弘治帝震怒，诏令程敏政立即停止阅卷，听候审查，他已经初选的卷子全由李东阳会同其他考官复核；徐经、唐寅即以科场舞弊的嫌疑犯被关进监狱，严刑拷问。

然而，经过李东阳等的复核，程敏政选中的试卷中，却没有被指控为贿买到试题的徐经和唐寅之卷。

几番拷审，毫无所获。最后，一场轩然大狱竟然以所谓"事出有因，查无实据"，用"各打五十大板"草草结案：主考、礼部右侍郎程敏政以"不谨"，勒令退休；诬告人给事中华昶以"言事不实"被降职处分。更冤枉的是，当查明清白时，皇帝下旨唐寅永不得参加科举，结果，"学而优则仕"这个古时读书人的唯一出路被堵死了，满怀希望的唐寅成了政治斗争的牺牲品。

这就是历史上非常著名的科场舞弊案，案情相当复杂，史料记载众说纷纭、难分真伪。但是，唐寅确属无辜，确属被牵连无疑。

从此，世间少了一个官老爷，多了一位浪荡才子。同样，一位才华横溢的唐寅消失了，留下的是一个放荡不羁的唐伯虎。他自此纵情声色、吟诗作画，在孤独与穷困中度过了失意的余生。

◇历史丢失的真相

李昉

跳进黄河也洗不清

北宋初年,在一场殿试中,因为新考进士答非所问,奏对失当,导致主考官李昉受牵被贬,这次事件成为他仕途上的重要拐点,也成为他人生中一个重大污点。

李昉是北宋初年名相、文学家。然而,这个颇有传奇色彩的宋初文人,似乎成了一个被历史遗忘的角色,偶尔被记起,总是背负着参与科场舞弊的沉重"十字架"。然而事实果真如此吗?这次考试真有作弊之实,还是另有蹊跷?

开宝六年(公元973年)的某一天,宋太祖赵匡胤在朝堂之上按照惯例会见当年新考上的进士。新录取的进士有11人,诸科28人。这些未来官场的后备干部们来到皇帝日常主持重要会议和政务活动的讲武殿,接受国家最高权力者的接见。

以往这样的会见就像是一场简单的面试,与科考并无本质

第五章 命运的褶皱，隐藏着怎样的无奈◇

上的联系，甚至连面试都谈不上，说白了就是进入新的圈子，大家互相见个面、打个招呼，以后互相照料指教。

可这一天赵匡胤却对此格外重视，他将吏部的铨选职责也揽在自己的身上。吏部从那些通过科考的考生中铨选官员，通过简短的谈话过程，来考察考生的"身""言"两大入仕指标。这样的考察形式本来就是不靠谱的，就算"言"可以通过说话者的谈吐对其个人水平有个大致了解，但是"身"则成了一档选秀节目，就是用外表去衡量一个人是否具备做官的才华，完全成了以貌取人。

在简单的试探之下，武济川、刘浚露出了马脚，他们在回答赵匡胤的问话时，答非所问，完全跑题，根本就是滥竽充数。赵匡胤非常愤怒，"难道我堂堂大宋选拔来选拔去，就选出这样的人才？"他当朝就撤去二人功名，退回原籍。打发完两人，赵匡胤开始追究当事人的责任。

这场科考的主考官是翰林学士李昉，李昉刚刚重返赵宋帝国权力中心并成功地掌握了干部选拔权。按照以往的"历史经验"，随着这些高中的考生们陆续进入官场后，昔日的考生就成了自己的"门生"，也将是他权力世界的宝贵财富，对巩固自己的地位有着举足轻重的作用。

可惜的是，就在李昉对未来无限憧憬的时候，被赵匡胤发现了两个烂人,他的下场可想而知。李昉陷进去了,大概是他当时的运气不好,特别是在追查之下,赵匡胤更是发现被他除名的考生武济川与李昉有同乡关系,能忍吗?不能。

李昉一下子跳进黄河也洗不清了。

之后,赵匡胤做出两个决定,一是重新考试;二是赵匡胤经过调查,确认原来的主考官李昉在主持考试过程中的确存在不公,于是就抹掉了李昉翰林学士的头衔,并让他背了一个降职处分。

比较有意思的是,赵匡胤重新组织的那场考试,除了之前已经除名的武济川,李昉所录取的其他10个进士再次被录取。让人感到不解的是,从第一名到第十名,连顺序排名都原封不动。除了这10人,又补录了26名进士,"不过附名在此十人之后"。

有人说,从后来重新的考试可以看出,考场舞弊事件不过是赵匡胤借题发挥的由头,他的真实意图很明确,就是要把官员的选拔权抓到自己的手里,借此削弱文人官僚的权力,进而强化自己手中的皇权。而李昉不过是这场弈局中的一个棋子罢了。

的确,官官相扶的政治局面一直都是皇帝最害怕见到的,赵匡胤最担心的是,像李昉这样的在朝大臣之间或大臣和一般

第五章 命运的褶皱，隐藏着怎样的无奈◇

士大夫之间抱团的派系，成为中央集团的一股分割力量。

但也有人说赵匡胤是想借此给世人敲一个警钟，劝告他们不要妄想在科考中搞小动作，要安守本分，遵守一切制度。否则科考就变成人们争夺名利不择手段的工具了，失去了最初挑选优秀人才的宗旨。

尽管重新考试，但名单几乎一样，因此也有人说李昉很冤，且有可能就是赵匡胤想以此次事件制止人们不按照制度胡乱"安排"的现象，杜绝这种坏的风气。

此后，赵匡胤为科举考试增加了一道新的考试程序，那就是让士子与皇帝面对面地殿试。这样一来，皇帝不仅把对文官的选拔权牢牢地攥在了自己的手中，还可以防止奸佞们胡作非为，让真正有才华的人脱颖而出，为朝廷效力。

多年以后，当李昉位居宰相之位时，不知他对这段不堪回首的"冤屈时刻"会有怎样的心境和感慨。也许是心有芥蒂，也许也只是轻轻一笑……

◇历史丢失的真相

苏轼

乌台诗案：一个文人的黑暗时刻

中秋的夜晚，谁为你的心境点亮一轮圆月？思念的梦里，谁为你的思念增添一缕哀伤？风雨如晦的路上，又是谁陪你体会"老夫聊发少年狂"的旷达豪放？在行走的年轮上，你把人生的坎坷写进气壮山河的词里，把无数黑暗的时刻隐藏在生命的光亮里……这就是北宋的大文豪苏轼。

苏轼为北宋著名的文学家。其为文汪洋恣肆，诗词清新豪健，奔放灵动，逸态横生，才思四溢，被尊称为豪放派的代表，在书画与学术上也有较高的造诣。他曾以才学而名震京师，而后进入仕途。然而不幸的是，他在做官时，曾卷入了一个巨大的政治旋涡——乌台诗案。

"乌台诗案"又作何解释呢？原来汉朝的时候，御史台常植柏树，柏树上常常栖息着乌鸦，所以人们常称御史台为"柏台"或"乌台",而戏指御史们都是"乌鸦嘴"。宋代的苏轼因写诗获罪,此案由御史台一手操办,所以人们把这一冤案称为"乌台诗案"。

那时候,以宋神宗、王安石为首的政治实权集团,提倡改革,实施新政;而以司马光为首的一批元老旧臣,坚持反对改革,抵制新法。苏轼却坚定地站在了司马光一边。熙宁三年(1070年),苏轼写了《上神宗皇帝》书,公开反对变法,接着写了"再论"和"三论",开始注定了他坎坷的一生,颠沛流离的命运。

熙宁四年(1071年),苏轼被贬为杭州通判,接着转任密州、徐州。元丰二年(1079年),他被调任为湖州太守。之后,他写了一份《湖州谢上表》,有以下内容:"……知其愚不适时,难以追陪新进,察其老不生事,或能牧养小民……"意思是说:您知道我愚老不能适应新形势,不能去追陪那些新进者,但您又觉得我虽年老却不爱生事,就派我去管管那些小民。

这份《谢上表》被王安石等人拿去仔细阅读,他们当然听得懂苏轼的"弦外之音",御史中丞李定、舒亶、何正臣等人摘取苏轼《湖州谢上表》中语句和此前所作诗句,以谤讪新政的罪名逮捕了苏轼。在宋神宗的默许下,苏轼被抓进乌台,一关就是四个月,每天被逼要交代他以前写的诗的由来和词句中典

◇历史丢失的真相

故的出处。

开始,苏轼只承认《山前绝句》等诗反映了一些民间疾苦,但绝无冤谤之心。后来,在被审讯折磨后,他身心疲惫,于是对这些被指控的"罪诗",一一做出违心的解释。

让我们一起来读读《山前绝句》这首诗和苏轼被逼招供的"供词":

《山村绝句》第二首云:

老翁七十自腰镰,惭愧春山笋厥甜。

岂是闻韶解忘味,迩来三月食无盐。

苏轼的供词是:"此诗意言山中之人饥贫无食,虽老犹自采笋蕨充饥,时盐法峻急,僻远之人,无盐食用,动经数月……以饥盐法太急也。"

此诗表现出的忧国忧民,但由于有心人等刻意挑剔,苏轼的文字罪就在所难免了。同样的"罪诗"还有很多,若细细去品读,便会发现中国的文字罗网是何等残酷,而中国文人在文字罗网的挣扎又是多么无力与可笑。

苏轼被捕后生死未卜,一日数惊。在等待最后判决的时候,其子苏迈每天都去监狱给他送饭。由于父子不能见面,所以早在暗中约好:平时只送蔬菜和肉食,如果有什么坏消息,就改送鱼,以便心里早作准备。一日,苏迈因银钱用尽,需出京去

第五章 命运的褶皱,隐藏着怎样的无奈◇

借,便将为苏轼送饭一事委托一位亲戚代劳,却忘记告诉其与父暗中约定之事。这一天,这个亲戚正好得到了一批腌鱼,就在饭里给苏轼送了鱼。苏轼见鱼大惊,以为自己凶多吉少,便以极度悲伤之心,为弟苏辙写下诀别诗两首,请狱卒转交给弟弟苏辙。

其中一首写道:

圣主如天万物春,小臣愚暗自亡身。

百年未满先偿债,十口无归更累人。

是处青山可埋骨,他年夜雨独伤神。

与君世世为兄弟,更结来生未了因。

这两首诗很快就传到了宋神宗手中,据说,宋神宗读了诗,动了慈悲之心,为苏轼的才华所折服,而那些想置苏轼于死地的人,再罗织罪名,也就无济于事了。

仁宗太后临终时对神宗说,"苏氏兄弟选中进士,先皇非常高兴,说他为子孙找到两位相才。如今他们不但没有受重用,还被小人陷害,苏轼无非是作了几首小诗,发了一点牢骚,这是文人的习性,你可不能冤枉无辜啊,否则先皇在天之灵也不会安心的。"神宗听后很感动,为遵从仁宗太后的遗嘱,他决定放了苏轼。

此案历经四个月,虽然苏轼最终没有蒙冤死去,但此案发

◇历史丢失的真相

生期间牵连了一大批官员,他们大多都遭贬或罚铜。这是苏轼一生中影响最大的一次,是一场名副其实的文字狱。

　　苏轼的一生大起大落、起伏不定。他虽然屡经苦难,然而一颗心依如巍巍的山峦、奔流的江河。他有着古代文人的铮铮傲骨,也在那个时代留下了至深的印记。

第五章 命运的褶皱，隐藏着怎样的无奈◇

沈万三
在明史中"复活"的人

明朝初年，这个家族富甲一方，风光无限，是"资巨万万，田产遍于天下"的江南第一豪门。然而树大招风，钱多惹祸，几件大案的发生，却让这个家族经受了灭顶之创，以至家破人亡……

提起明初的江南沈家，就不得不提这个家族的代表人物沈万三。他在民间的知名度很高，据《明史》记载，他当年帮朱元璋修筑了三分之一的南京城，功不可没。后来他又自告奋勇地要出资犒劳军队，结果惹恼了朱元璋，认为他是故意展示财富，有谋反之心，之后在马皇后的求情下，才免其死罪，将他发配到云南。

《明史》中，记载了朱元璋与沈万三这样一段对话：

朱元璋问："朕有百万军，汝能遍济之乎？"

沈万三说："每一军犒金一两。"

◇历史丢失的真相

朱元璋说:"此虽汝至意,不须汝也!"

有真相有细节,似乎沈万三真的是在朱元璋的打击下才被流放至死的。但事实上沈万三与朱元璋并不相识,早在明朝还未建立时,沈万三便病死了。一个已死的人是不可能出资修建京城,更不可能被流放的。

不过沈万三与朱元璋虽没有关系,沈家却千真万确是遭到朱元璋的打击而没落。

明朝初期,朱元璋大肆屠杀开国功臣,令沈家触了霉头。在胡惟庸案上,沈万三的女婿陆仲和被扣上了"胡党"的罪名满门抄斩。这一点在朱元璋亲手编写的《大诰三编》里有着记录:这位做了18年粮长的富翁,不但谎报灾荒还出钱收买官吏。所以,在查明真相后,朱元璋便将他斩草除根了。

而在洪武二十六年(1393年)的蓝玉谋反案里,沈家遭到了彻底的、毁灭性打击。之所以斩杀蓝玉,朱元璋最初的动机是为了保护年幼的皇长孙朱允炆登基后不受到那些豪杰的威胁,所以,他一面铲除最有威胁性的功臣,一面斩断民间富豪的根,不幸的是,沈家被朱元璋列入了名单之内。

俗话说"君叫臣死,臣不得不死"。皇帝没有理由也可以杀人,更何况沈家已经卷入蓝玉的关系网中,为朱元璋名正言顺地铲除沈家留下了理由。而制造这个机会的,是一个名叫王行

第五章 命运的褶皱，隐藏着怎样的无奈

的教馆先生，是他将沈家罗织进了蓝玉一党中。

王行曾在沈家做过很多年的教馆先生，后来又去蓝玉家做教馆先生。沈家为了攀附权贵，便想通过王行为自己搭上蓝玉这艘大船，结果反而给了朱元璋一个借口，令沈家满门抄斩。

沈万三一手创下的巨大家业就此画上了一个句号。虽然沈万三与朱元璋之间的纠葛是伪造的传奇，但依附在这些传奇上的历史却是真实可寻的。沈万三帮助朱元璋修筑南京城的传说之所以会一直流传，与明初朱元璋大肆强行迁徙江浙地区的富户来"充实都城"有关。

朱元璋的仇富心理很极端，他为了修筑自己的帝国，强行对富户们采取迁徙手段，将苏州、杭州、嘉州、湖州等地4000多家富户集体迁往南京，美其名曰是为"京城繁荣"，实际上是将大批富豪连根拔离本乡，变相地掠夺他们的财富。

沈万三的典故便是出于这个背景。至于说沈万三充军云南，也是因为朱元璋自洪武十五年（1382年）平定云南后，便不断将内地居民迁往云南。这项行为实际上也是对富户变相的打击报复，因为这些移民当中，百分之六十都是富户。

明代人谢肇淛的《滇略》一书就对此有过记载："高皇帝既定滇中，尽徙江左良家间右以实之……故其人土著甚少，寄籍者多。衣冠、礼法、语言、习尚，大率类建业……"可见在传

◇历史丢失的真相

说中，沈万三只是这些富豪们的一个影子而已。

沈万三作为一个毫无身份地位，靠自己双手白手起家的平民财神，被杜撰到这样的故事中，无疑表露了当时人们对朱元璋的极大不满，从故事中的沈万三的遭遇，就可以看到当时明朝富豪们的悲惨命运。

而对于这些历史，当时的记载却语焉不详："当是时，浙东、西巨室故家，多以罪倾其宗。"一句话便将受到牵连的富户打发了，而沈家也正是在这样的不公正待遇下，走向穷途末路的。

在这样的大背景下，即便沈万山活到明朝，也是难逃一死，因为朱元璋对于明朝帝国的设计蓝图中，是不允许巨富们存身的。这个贫农出身，苦了半辈子的农民皇帝认为富人们会损害他的统治，妨碍他对帝国的掌控。所以，沈万三的败亡探秘到最后，揭晓出来的不过是皇权制度下的帝王好恶罢了。

在重农抑商的封建王朝里，商人本就没有地位，不受待见，又何况是在一个视富为患的君王眼中……

第六章　捡拾战争的碎片，拼接事件的真相

巨毋霸

活在迷雾中的战场巨人

在历史的影像里，他的形象有时清晰而真实，有时又朦胧而趋于虚幻。作为王莽时期的一位巨人将军，他不仅力大无比，而且能役使猛兽，成为战场"压舱石"一般的存在。然而对于历史上是否真有其人，人们却始终抱着怀疑的态度。

据《汉书·王莽传》记载，新莽六年，天下大乱，匈奴扰乱边境，国内又义军四起。危难时刻，任凤夜太守的韩博向王莽推荐了一个人，韩博告诉王莽："有奇士，长丈，大十围，来

至臣府,曰欲奋击胡虏。自谓巨毋霸,出于蓬莱东南,五城西北昭如海濒,轺车不能载,三马不能胜。即日以车四马,建虎旗,载霸诣阙。霸卧则枕鼓,以铁箸食,此皇天所以辅新室也。愿陛下作大甲高车,贲、育之衣,遣大将一人与虎贲百人迎之于道。京师门户不容者,开高大之,以视百蛮,镇安天下。"

根据韩博的说法,巨毋霸身高一丈,腰围有十围,一般的车子他坐不下,三匹马拉不动他,一般的门他也进不去。这样的身材,简直可以称得上是巨人。汉朝时,一丈约合现在的231厘米,而一围则是用手指围成圈的长度,大约为20厘米。这样说来,巨毋霸的身高大约为2米31,腰围大约为2米,确实是个又高又壮的巨人。这种身材,即便是今天也极难见到。

而这也是人们怀疑他是否存在的一个原因。

后来,据《后汉书·光武帝纪》记载,巨毋霸不仅身材高大,而且还能役使猛兽。新莽地皇四年,王莽的政权风雨飘摇,纵观全国,四处都是揭竿而起的义军,其中以绿林军和赤眉军的队伍声势最为浩大。绿林军推举汉朝宗室后裔刘玄为王,并竖起了光复汉朝的旗帜。王莽非常恐慌,害怕不尽快消灭绿林军的话,会有更多人聚集在复辟汉王朝的旗帜下。于是,他组织了一支40万的大军开始向绿林军主力进攻。据记载,这支队伍是以巨毋霸为垒尉的,同时他还赶了虎、豹、犀牛、大象等

第六章 捡拾战争的碎片，拼接事件的真相

猛兽来助威。后来司马光编写的《资治通鉴》也引用了这条史料，由此可见，史学家们是承认巨毋霸的存在的。

但是《汉书·王莽传》中关于韩博推举巨毋霸的另外一段描述似乎又否定了他的存在。当时王莽欲独霸天下，他倒行逆施，引起朝野上下的不满，而此时义军四起。这时有很多人对王莽忠言直谏或者暗寓相讽，而韩博就是对王莽暗寓相讽的人之一。王莽字巨君，而"巨毋霸"三个字合起来，就是"巨君不要霸占着天下"的意思。也正是因为这层理解，王莽非常厌恶韩博，并下令将他逮捕入狱，后又以"非所宜言"的罪名将他斩首弃市。这一段记载又表明巨毋霸是韩博凭空捏造的，实际上并无此人，否认了巨毋霸的存在。

而关于巨毋霸能役使猛兽的说法也颇值得怀疑，当时王莽攻打绿林军的时候，组织了一支40万人的军队，这支军队的垒尉就是巨毋霸，而且巨毋霸还赶了虎、豹、犀牛、大象等猛兽来助威。这史料虽然言之凿凿，但也不是不令人怀疑，巨毋霸任垒尉之职，他的主要职责是负责修筑营垒，驱使野兽冲锋杀敌的工作并不在他的职责之内。

历史总是真真假假，虚虚实实。巨毋霸到底是不是历史上的真人，他究竟有什么才能，过着什么样的生活？对于这些问题，言之凿凿的正史资料都相互矛盾，只能留下千古疑团了。

◇历史丢失的真相

关羽

败走麦城是意外还是意料

在麦城，吴军布下了天罗地网。此刻的关羽决定做最后一搏，他毅然跃上战马，带十余骑兵一路西奔。然而这注定是飞蛾扑火，伴着战马的惊鸣和翻滚，一代名将就此跌落……

关羽，字云长，东汉末年蜀国名将。中平元年（公元184年），汉室宗亲刘备在涿县组织起了一支义勇军参与扑灭黄巾军的战争，关羽与张飞同在其中。他跟随刘备辗转各地，曾被曹操生擒，于白马坡斩杀袁绍大将颜良，与张飞一同被称为万人敌。

东汉建安二十四年（公元219年）七月，驻守荆州的蜀将关羽，因受到刘备取得汉中胜利的鼓励，而意图攻打襄樊，扩大战功。八月，适逢襄樊两地洪水泛滥，曹操派来增援襄樊的于禁七军被淹，关羽趁机将驻守樊城的魏将曹仁围困在城内。

第六章 捡拾战争的碎片，拼接事件的真相◇

在此紧要关头，曹操与孙权联合起来。孙权先是佯装派陆逊前来参战，使得关羽掉以轻心，抽调荆州守军，结果陆逊急转至夷陵以防刘备增援，东吴大将吕蒙则趁机直取荆州，策反了蜀将傅士和糜芳，并切断汉水以防关羽从水路逃走。襄樊这边，曹操派出张辽、徐晃增援曹仁，徐晃到前线时设计动摇蜀军军心，大破关羽，曹仁又趁洪水退去的时机出兵切断关羽粮草供应线，战场上的形势出现了大逆转。

十月，关羽撤兵西回，率残部驻守麦城。此时，吴军已是大兵围困上来，而蜀军人心惶惑，孤立无援，只得坚守麦城。孙权派人诱降关羽，关羽假意称降，在麦城城墙上伪造守军森严的假象，自己则带领十几个兵士，企图逃出麦城。当关羽逃至临沮时，不幸被吴将抓获，并立即被处死。

历史上著名的大将关羽，就这样在一场败仗中结束了自己的一生。后人大多为这位盖世英雄感到唏嘘惋惜，然而仔细思考这场战役的背后，一些不那么英雄，不那么光彩的真相却渐渐浮现了出来。

在建安二十四年七月到十月期间，关羽先是水淹七军，大破魏军，然后又大意失荆州，败走麦城，最后弃城逃跑，半路被杀。长达三个月的时间，却没有看到刘备有任何增援的行动，这实在是让人有些匪夷所思，也容易让人产生种种疑惑和猜测。

◇历史丢失的真相

那么，是什么原因使刘备在三个月的时间里都没有派兵增援他的二弟关羽呢？这个问题只要稍微向前追溯一下，就可以找到一些蛛丝马迹了。

刘关张三人，自结义之后便同甘苦、共进退，于乱世之中奔袭四方，创建功业。然而在刘备借用东吴荆州之前，他们并没有一处足以立足发展的根据地，直到刘备取下汉中，这才有了长足发展的资本。而这时，刘备的首要任务是整顿内部，建立一个比较稳定的政治集团。马超、赵云、黄忠、诸葛亮都好说，一开始就是幕僚，现在直接转换为臣属就可以了，而与刘备拜过兄弟的关、张二人则不是那么好处理。

张飞还比较好办，虽然是刘备三弟，但还是很尊敬刘备的，名为兄弟，实为臣属，相比之下，关羽就不那么好定位了。当时关羽镇守的荆州，虽然并不是什么富庶之地，局势也比较复杂，但这是刘备在取得汉中之前的大本营，刘备将如此重要的地方交给关羽驻守，足见关羽在刘备集团内部的地位超群。只是，这种地位，在刘备没有称王之前还是可以存在的，刘备称王之后，其他人都成为臣子，关羽的地位就有些危险了。

这一点，从刘备给关羽的封号就可以看出端倪。

刘备称王之后，拜关羽为前将军、黄忠为后将军、张飞为左将军、马超为右将军。从表面看来，关羽位于四位将军之首，

第六章 捡拾战争的碎片，拼接事件的真相◇

而实际上，关羽的地位和黄忠、马超是一样的。对此，张飞没有什么异议，关羽却不满意了："大丈夫终不与老兵同列！"

对于关羽的这种不满，刘备并没有作妥协，这就说明在刘备称王之后，暴露了他"家天下"的帝王思想。

所谓帝王思想，就是臣子必须忠诚于君王，天下是君王的天下，臣子不过是君王的家仆而已。在这种思想影响下，刘备手下的这些文臣武将都要服务于刘备这个君主，不可以出现与他地位同等的人。关羽生性骄傲自负，恐怕没有考虑过刘备的这种心理，在刘备称王之后，仍然以为他与刘备的地位平等，而刘备如果顺应了这种想法，给关羽一个高出众将的名衔，则会大大不利于自己的团队建设。因此，不管关羽如何不满，怎么发牢骚，刘备都不会妥协。

另外，刘备称汉中王的时候，已经是年近六十的人了，对于王位传承的问题也多有考虑，幼主刘禅并无大才，如果刘备死后出现强臣夺权的事件，那么刘家的天下很容易就会易主。出于这个目的，刘备也不可能抬高关羽的地位，为自己儿子将来的统治造成阻碍。

从当时的战局来看，当时的刘备亲率蜀军主力北伐汉中，尽管汉中之战蜀汉胜了，但也面临着巨大的压力。当时所有兵力都用上了，连女人都帮忙往前线运送物资了。《三国志》里，杨洪对诸葛亮说，蜀地几乎把所有的军队都送往汉中前线，并征调年轻妇女运输粮草，可见当时的形势并不乐观。除此之外，关羽刚开始在襄樊之战中打得有声有色，谁也没想到明明拥有几万大军的关羽会因为吴军善待将士家属而不战自溃，关羽的失败来得太快，更何况成都离关羽所在前线有一千多公里，刘备根本来不及营救。

战争总是有很多变数，刘备虽然对关羽有成见，但还不至于想害死他而自损羽翼。关羽败走麦城，最终被吴军斩获，应该也是出乎刘备所料的吧。

悲乎哉！关羽带着不甘死了，留下的是血色的悲壮、不屈的傲骨。他的忠义，令人钦佩；他的勇武，令人惊叹；他的不测，也同样令人惋惜。他的离去，给蜀国蒙上了一层阴影，也重创了一个英雄的时代。

瓦岗军

面对隋军时的"虎头"与"蛇尾"

他本是将被处死之人，好在贵人相助，得以逃出生天。随着东郡翟让在瓦岗的一声呼喊，百姓们纷纷跟随起义。从此，瓦岗军攻城略地，声势大振，成为重伤隋朝的一柄利刃。

大业七年（公元611年），东郡韦城县人翟让因犯罪而被下狱，狱吏黄君汉私自释放了他。翟让逃亡瓦岗，聚众起义，同郡的单雄信、徐世㔽都纷纷加入，势力大增。他们在永济渠沿岸劫夺来往船只，以致"资用丰给，附者益众"，起义队伍逐步扩大起来。

大业十二年（公元616年），贵族出身的李密在参加杨玄感起兵失败后，投奔瓦岗军。李密较有政治眼光，他建议翟让积极发展势力，扩大影响。翟让重视李密的建议，首先攻取了荥阳。荥阳是中原的战略要地，向东是一片平原，向西是虎牢关。

虎牢关以西的巩县有隋的大粮仓洛口仓。取得洛口仓不仅可以得到大量的粮食，而且逼近东都洛阳。夺取荥阳是瓦岗军发展势力的重要一步。

面临强大的瓦岗军，荥阳太守杨庆无可奈何，隋炀帝特派"号为名将"的张须陀为荥阳通守，镇压瓦岗军。李密认为张须陀勇而无谋，遂建议翟让与张须陀正面对战，佯装败北逃走。李密率精兵埋伏在荥阳以北的大海寺附近，张须陀紧跟翟让十余里，到大海寺以北的林间时，李密伏兵四起，隋军陷入重围。张须陀本来掉以轻心，突如其来的强兵使他措手不及，战败被杀。此役一败，隋军"昼夜号哭，数日不止"。

大业十三年（公元617年）二月，瓦岗军攻取洛口仓，随后开仓济贫，贫苦农民大量参加起义军。隋朝在洛阳的越王杨侗派遣虎贲郎将刘长恭率军2.5万人前往镇压瓦岗军。翟让、李密预先侦知了隋军的动向，作了周密的部署。刘长恭对瓦岗军的情况则一无所知，看到瓦岗军表面上人数不多，遂麻痹大意起来。瓦岗军趁隋军初来乍到，饥饿疲惫之时，大举进攻，致使隋军大败，死者十之五六，刘长恭仓皇逃回东都。瓦岗军缴获大量的辎重器甲，力量壮大，声威大振。

同年四月，瓦岗军逼近东都城郊，攻破回洛仓（在今河南洛阳东北），致使东都粮食缺乏，陷入困境。九月，瓦岗军又攻

第六章 捡拾战争的碎片，拼接事件的真相◇

破黎阳仓，开仓济贫，起义军增加了20多万。这时，瓦岗军有数十万之众，控制了中原广大地区，达到了鼎盛时期。瓦岗军还公开宣布了隋炀帝的十大罪状，明确表示要推翻隋炀帝政权。

由于李密在屡次作战中所发挥的作用较大，其威望也越来越高，翟让遂主动把领导权让给了李密。后来，翟让的哥哥翟弘以及王儒信等人又劝翟让夺回领导权。如此一来，瓦岗军的内部矛盾开始日益激化，以致最后李密不得不杀了翟让。

武德元年（公元618年）六月，宇文化及率江都隋军北上，瓦岗军虽然在应对宇文化及的作战中取得胜利，但也损失惨重。九月，东都隋军乘机发动进攻，瓦岗军全面失败，李密走投无路，于十月奔赴长安，向李唐投降。

瓦岗军虽然失败了，但却在中原消灭了大量的隋军，切断了江都与洛阳的联系，迫使隋炀帝陷入江都孤岛，不能控制全国，间接促成了隋朝的灭亡。

由此观之，正当瓦岗军日益强大的时候，领导集团的内部矛盾激化，军队被无形分裂，力量削弱，最终把自己逼上了末路。

从势不可当到自毁长城，从扶危济世到内乱自伤，这背后是人性与利益的交戈，是尔虞我诈的较量。真是可惜、可悲，亦可叹！

◇历史丢失的真相

忽必烈

///////// 东征日本失败是源于偶然的"神风"吗

当元朝的使者第一次送来国书，日本的镰仓幕府颇为硬气，采取了置之不理的态度。后来，元朝又两次派出使者，均遭到日本的拒绝面见。这一切，让元世祖忽必烈异常恼怒，他决定要惩罚这个蛮横的东方小国……

忽必烈在位时，曾先后两次率兵东征日本，不巧的是，却都在海上遇到了强台风，最终损兵折将，无功而返。后来，日本民间流传开来这样一个故事，说在元朝时期，蒙古军队的船只在"神风"的阻挠下，才没有进入日本。所以日本对神风顶礼膜拜，数百年间，他们一直认为是"神风"救了他们。对此，我们不禁要问，元军真的只是败于所谓的"神风"吗？

1274年，忽必烈第一次东征日本时，他命人以900艘战船、1.5万名士兵，远征日本。一开始，元军势如破竹，很快占

第六章 捡拾战争的碎片，拼接事件的真相◇

领了对马、壹岐两岛，继而攻入肥前松浦郡。日军节节败退，眼看就要守不住阵地了，但是当日军退到大宰府附近时，元军却在一次夜间的暴风雨中，军舰被海浪打翻了200余艘。当台风来临时，暴雨倾盆，元军将舰队停泊在博多湾口，船只在风雨中飘摇撞击，无法保持平衡而相互撞击，使得许多船只破损，进而导致了沉没。见士兵死伤惨重，又加上兵疲箭尽，元军不得不退回本土，日本这才逃过一劫。日本将那次战役称为"文水之役"。

遭遇了第一次失败，忽必烈心有不甘。1275年二月，忽必烈派礼部侍郎杜世忠等出使日本，要求日本无条件归从。谁成想，杜世忠等一到日本，就被镰仓幕府处死了。

是可忍，孰不可忍。1281年正月，忽必烈命令元军兵分两路远征日本，结果刚登陆不久，又赶上了超强台风。元军这次损失更大，战船损毁严重，士兵们死的死，伤的伤，日军趁机反攻，元军败退。

依据这些史料来看，元军远征日本失败的重要原因确实是遭遇了强台风，然而这也只是表象，不足以完全令人信服。其实真正令元军失败的主因是队伍内部的不团结、糟糕的后勤补给以及粗制滥造的造船工艺。

元朝东征日本的队伍中，只有少数的蒙古人，其他多由投

◇历史丢失的真相

靠的高丽人、投降的金人和部分汉人组成，这群人对元朝没有太强的归属感，自然不愿意真心卖命。据记载，汉人将领范文虎在台风来临时，竟然独自逃跑了。因台风而遭受打击的士兵们本就信心遭受挫折，将领的临阵脱逃必然导致军心更加不稳。此外，雪上加霜的是，元军的后勤补给也出现了严重问题，其以战养战的补给策略此时根本无法奏效了。

除了上述原因，在英国《新科学家》周刊的一项考古文章中，科学家们提出除了当日阻拦忽必烈军队的所谓"神风"，还有一个原因是元朝船舰拙劣的造船工艺和设计。从后来对打捞上来的蒙古战舰的残骸研究中可以发现，这些战舰做工粗糙，质量十分低劣。很多战舰上的铆钉过于密集，这就说明这些材料是反复利用过的，需要加固才不至于碎裂。当台风来袭，暴风雨加剧，这些本就脆弱的船只自然无法抵御海浪的冲击。

我们可以想象，在那无比悲壮的时刻，海浪翻卷，吞噬着密集的战舰，数以万计的士兵翻落大海；雨柱万千，似利箭从天而落，让出征的军队遭受致命的重创。当狂风暴雨退却，一切都归于平静，留下的是满目的悲怆，也是岁月无法弥补的伤痕。

那场东征，最终化作了忽必烈心中无以言说的伤叹。

第七章　宫廷之事，是蓄谋，还是另有隐情

玄武门之变

看得见的残杀，看不见的蓄谋

一场大战后，当李世民站在玄武门的城墙上，看着政变后血流成河，看着手足兄弟悲惨死去，不知他的心情是怎样的？是悲哀还是窃喜，是异常沉重还是如释重负？或许他的心是空的，又或许是五味杂陈的。作为胜利者，他终于可以昂首走向朝堂，与父亲李渊彻底摊牌。

唐高祖李渊与皇后窦氏，共生有4子1女。长子李建成，次子李世民，三子李元霸，四子李元吉，女儿为平阳公主。诸

子中，李元霸早年夭亡，其余子女均跟随李渊在建立唐朝一统江山的斗争中，各有建树。尤其是次子李世民，在大唐与割据势力的角逐中，屡次立下卓越战功。

李世民，即唐太宗，是历史上有名的明君。然而，他的皇位居然是通过"玄武门之变"以射杀太子李建成和齐王李元吉而得到的，总觉得让人难以接受。李世民的政变之举，到底如正史所记载的那样被动反击，还是他为争夺皇位而早有蓄谋呢？

所谓"一山难容二虎"，更何况权力之争从来都是残酷血腥的。唐王朝建立后，李渊以"立嫡为长"的传统惯例，册封李建成为皇太子，立李世民为秦王，若论打下江山的功劳来看，应数李世民最大。他智勇双全、功勋卓越、人心所向，再加上秦王府谋士骁将，更让李世民如虎添翼，形成一股强有力的政治力量。而太子李建成心胸狭窄，妒心颇重，他自知功不如秦王高，名不如秦王大，谋臣不如秦王多，总觉得李世民的存在对他是一个潜在的威胁，便联合齐王李元吉，对李世民百般陷害、谗言挑拨、造谣中伤，致使两兄弟的关系竟如仇人一般。据说，在太原起兵时，李渊曾答应李世民事成之后将立其为太子，可是李渊并没有兑现当初的诺言，而把太子之位给了李建成，封李世民为秦王。这样，李世民自然是不甘心的，当李世

第七章 宫廷之事，是蓄谋，还是另有隐情◇

民的威信逐渐盖过自己时，李建成按捺不住了。

据《资治通鉴》记载，就在"玄武门之变"发生的前几天，李建成趁北征突厥之际，企图将秦王府的精兵骁将转移到自己手里，并借此除掉李世民。只是这一次阴谋泄露，未能得逞。面对李建成、李元吉咄咄逼人的气势，正史中的李世民对于李建成和李元吉可谓一忍再忍，其中最为典型的有两件事：骑马事件和毒酒事件。一次，李世民与李建成打猎，李建成将一匹劣马安排给李世民骑，结果劣马将李世民摔下马背三次。最后，李世民察觉了建成不怀好意，马上换了坐骑，这才幸免于难。武德九年（公元 626 年）六月，太子李建成、齐王李元吉邀请李世民到东宫喝酒，准备用毒酒暗害李世民，结果"秦王心中暴痛，吐血数升；淮安王李神通扶秦王归西宫"，幸亏解救及时，不然难保性命。两次事件，让李世民痛下决心发动政变。据历史记载来看，虽是李世民发动，但责任却在李建成。

但是，历史是胜利者写的，是否完全如正史中所写也不得而知，有人对此提出了不同意见。从骑马事件来看，李世民久历沙场，骑术高超，如何不识劣马？即便碍于情面骑上劣马，一蹶即当换骑，如何三蹶？至于毒酒事件，李世民与李建成、李元吉矛盾已然激化到无可收拾的地步，两大阵营剑拔弩张，频频发生冲突，如何又有聚宴之理？更让人难以理解的是，便是这个"吐血数升"的李世民,两三天后在玄武门前生龙活虎,力挽强弓射杀了长兄李建成?

所以,我们可以认为"玄武门之变"是李世民蓄谋已久的一次谋杀行动。事变的发生是因为他对自己地位与功劳不符的心理不平衡引起的。李渊三子中,李世民功劳最大,但是按照宗法礼仪和古代皇位继承制度,皇帝的位子是轮不到他来坐的。李世民要想做皇帝,就不能依靠正常的方式和途径,为了达到夺位的目的,李世民一方面争立战功,扩大自己的影响力,另一方面大力网罗人才,暗中积聚力量。攻下洛阳后,李世民招贤纳士,设天策府、文学馆。文学馆中,既有博学多识的知识分子,也有政治军事方面的智囊之士。后来事实证明,十八学士中的房玄龄、杜如晦等都是"玄武门之变"的密谋策划者。天策府和文学馆的建立,标志着以秦王李世民为核心的政治集团的形成。这时,即使李世民不产生争夺最高权力地位的念头,他的文武功臣也不会甘居秦王府,真正是"势难雌伏"。除争立战功和网罗人才,李世民还通过妻子长孙氏争取高祖妃嫔的支持,甚至对东宫集团心腹人物也进行收买,为其所用。

玄武门是入宫的必经之地,李渊自然要用最信任的武将来把守,而玄武门的值班将士常何却被李世民收买。收买一个人,不是一时之间就可以做到的,这说明李世民早有为皇之心,又

第七章 宫廷之事，是蓄谋，还是另有隐情◇

说明他早有为皇之备。李世民积极进攻，迫不及待地利用一切机会发动攻势，而贞观史籍中把李世民写成被动挨打，是背离史实的。东宫谋士魏徵"见太宗勋业日隆，每劝建成早为之所"，就是因为看到秦王对太子的威胁日益严重，所以常劝李建成早日动手，除掉李世民。如果不是李世民咄咄逼人的气势，太子李建成根本用不着与秦王李世民争斗，他本就是顺理成章的皇帝。因此，"玄武门之变"是蓄谋已久、精心策划的一次刺杀行动，绝不是紧急时刻不得已而为之。

唐太宗李世民虽然是唐朝最负盛名的皇帝，中国历史上最著名的帝王之一。但单就"玄武门之变"来看，这也是手足相残、争夺帝位的争斗，李世民也绝不是站在光明的位置。

在淅沥的风雨中，残存的宫阙遗址肃然静默，似乎在回忆着千年前的辉煌与鼎盛，也同样浮现着那个刀光剑影下的悲情时刻……

◇历史丢失的真相

唐宣宗

装疯卖傻，从"影帝"到皇帝

他呆头呆脑，经常被人取笑，是很多人眼中的"傻子"。然而大智若愚，不足以体现他的智谋韬略；剑戟森森，不足以形容他的心机与城府。当他一鸣惊人时，所有人毫无准备地臣服在他的脚下。从"影帝"到皇帝，唐宣宗无疑是历史上的第一人。

唐宣宗李忱，是唐宪宗的儿子，唐武宗的叔叔。他原名李怡，做皇帝后才改名为李忱。唐宣宗在位期间勤俭治国，减少赋税，注重人才选拔，体贴百姓，人民生活日渐富裕，使腐败的唐朝呈现出"中兴"的小康局面。唐宣宗有过高光时刻，曾经烧过三把火，一把火使"权豪敛迹"，二把火使"奸臣畏法"，三把火使"阍寺詟气"，遂被称为"小太宗"。

然而这样一代明君，直到他登基之时，一直被视为傻子，这是为什么？难道唐宣宗真的是傻子吗？

第七章 宫廷之事，是蓄谋，还是另有隐情◇

其实不然，唐宣宗虽表现得糊涂，其心里却如明镜一般。可他为什么要装傻呢？

这还要从他的身世说起。

李忱是唐宪宗庶出的儿子，其母亲郑氏是一名身份卑微的宫女。由于庶出和母亲身份卑微的原因，李忱本当不了皇帝。后虽被封为光王，却在一个无人注目的角落里孤独成长。他从小就显得郁郁寡欢、呆滞木讷，与其他亲王群居往往终日不发一言。在宫中，多数人都讥笑李忱呆笨，唯有他的哥哥唐穆宗知晓他的聪明，曾抚着他的背说："这是我家的英物。"

李忱长大后，痴呆情况愈发严重。人们纷纷猜测，这可能和他在穆宗年间遭遇的一次惊吓有关。当时李忱入宫谒见太后，不料刚好撞上有人行刺。虽然此事并未造成任何人员伤亡，但从此以后，光王就变得更加沉默寡言。于是皇族宗亲们认定，这个本来就呆头呆脑的人一定被吓傻了。此后无论大小场合，李忱就成了专门被人取笑和捉弄的对象。

其实李忱不傻，他知道自己的出身注定不能为帝，只有在乱世之中才有可能夺取政权。唐穆宗在位时，表现庸庸碌碌，党派之争、藩镇势力和宦官势力使得唐王朝统治岌岌可危。李忱装傻可以让宦官对他放松警惕，他在等待时机，等待一个可以让他夺取政权的机会。

唐武宗继位后，曾发觉这位皇叔有问题，就想置他于死地。可是就在这时，宦官仇公武救了他，并将他送出宫。

会昌六年（公元846年），唐武宗病危，李忱在宦官仇公武、马元贽等人的簇拥下，出人意料地回到了长安。仇公武等人决定拥立李忱做一个傀儡皇帝，然后顺理成章地掌控朝政。但是当李忱开始着手处理政务时，仇公武就傻眼了。因为对他来说，傻子李忱忽然变得无比陌生。只见他神色威严，目光从容，言谈举止沉着有力，决断政务有条不紊，和从前判若两人。

直到此时，仇公武才恍然大悟，明白当年唐武宗为什么要把这个"傻子"皇叔置于死地，那是因为在他愚痴木讷的外表之下，隐藏着常人莫及的才干和韬略。可惜仇公武明白得太晚了。

在王朝的黄昏里，他独自审视着每一个人，仿佛活在独我的世界里，他是孤独的，也是清醒的。

第七章 宫廷之事，是蓄谋，还是另有隐情◇

柔福帝姬

结局成谜的悲情公主

凄寒的秋风掠过荒原，一排排大雁鸣叫着，飞向南国。在一路向北的金人囚车上，北宋赵氏皇族、后宫嫔妃们风餐露宿、忍饥挨饿，受尽了种种屈辱和磨难。当亡国的痛不断袭来时，每一个人都在生与死中挣扎着。这其中，就包括北宋亡国公主柔福帝姬，一个苦命而不幸的特殊女子。

柔福帝姬最终的命运是怎样的，历史的说辞也是真真假假，不一而论。比较引人注目的，当属南宋高宗时期的一宗真假公主案，官方的结论是真正的公主柔福帝姬早已亡故，朝堂之上的实为他人假冒，最终这名假公主被皇帝赐死了。但是民间一直传闻说公主是真的，只是因为一些原因才导致皇帝不得不杀她灭口。

事情的起因，可以追溯到靖康元年的冬天，金兵攻克北宋都城汴梁。徽、钦二帝以及众多的妃嫔、皇子、公主、宗室贵戚、大臣都成了金兵的阶下囚，一起被押送回北方。在这些金兵的俘虏中有很多女子，这些女子大多身份显赫，其中有宋徽宗的皇后郑氏、宋钦宗的皇后朱氏、宋高宗赵构的生母韦氏及其发妻邢氏，以及公主柔福帝姬等。

这些身份显赫的女子在金国受尽了凌辱和折磨，她们被关进上京中名为浣衣院的官方妓院，她们也成为金人寻欢作乐、发泄欲望的工具，其中也包括赵构的发妻邢秉懿和赵构的生母韦氏。

在这些女性当中，17岁的公主柔福帝姬是未出阁的公主中年龄最大的，她虽然原本是金兵打算进献给金太宗的，但是一路上也难免被金兵凌辱。虽然凌辱她的金将最终被处死，但是长期受欺凌使得柔福帝姬十分孱弱，所以当她被献给金太宗吴乞买时，金太宗并没有将她收为侍妾，而是将她送到了浣衣院为奴。至此，柔福帝姬开始了她的屈辱生活。

几年后，柔福帝姬落到了盖天大王完颜宗贤的手里，同样的，完颜宗贤并不喜欢柔福帝姬，但是他还算善待了她，将她嫁给了五国城中的一名叫做徐还的汉人。之后，按照正史的记载，柔福帝姬在南宋绍兴十一年（1141年）去世，享年31岁，被追封为和国长公主。

第七章 宫廷之事,是蓄谋,还是另有隐情◇

但是,本应在金国受苦的柔福帝姬,在南宋高宗建炎四年却回到南宋,这在当时也是轰动一时的事情。

这件事的起因是一次剿匪行动。当时被宋官军俘获的土匪家眷中,有一女子告诉官兵们自己是皇帝的妹妹柔福帝姬,她是历经千辛万苦从金国逃回来的。事关皇族,所以这名女子立刻被送到临安。

对于这名女子的身份,当时的宫人考证宋徽宗确实有一个叫嬛嬛的女儿,是宋徽宗和懿肃贵妃生的,而她的封号也确实叫做柔福帝姬。经过一系列的询问调查,最终认定这名女子确实是柔福帝姬,再加上她能够一口叫出宋高宗的乳名,这就更加让宋高宗相信她确实是公主了。于是宋高宗将她册封为福国长公主,并将她赐婚给了永州防御使高世荣,赐予嫁妆一万八千缗。此后宠渥有加,先后赏赐达四十七万九千缗。

后来,南宋与金国签订了"绍兴和议",在金国的高宗生母韦太后得以回国。她回国后的第一件事,就是告诉宋高宗柔福帝姬已经死在了金国,现在的这个是假冒的。于是宋高宗立即拘捕了柔福帝姬,将她交大理寺审问,在严刑拷问之下,这名自称是柔福帝姬的女子承认自己是假冒的。

她说自己叫静善,原本在汴京流浪,汴京被攻破之后,她也被金兵抓住被带往了北方。在路上,她认识了柔福帝姬生母

◇历史丢失的真相

懿肃贵妃的宫女张喜儿，从张喜儿那里她听到了许多宫闱秘事，因为自己的相貌气质都和柔福帝姬非常相似，所以她就开始刻意地模仿柔福帝姬。后来在多次被拐卖之后，她被迫嫁给了一名小土匪。这些土匪被清剿之后，宋官军打算以匪眷的罪名将她杀死，她为求活命才自称是柔福帝姬，没想到真的被她成功蒙骗过去，一晃就过了十多年。

当一切都审查明白之后，假的柔福帝姬立刻被下令处斩，作为驸马的高世荣也被削夺了驸马都尉的爵位，之前指认柔福帝姬是真的的宫人也全都受到了牵连。

一件真假公主的案件至此就水落石出了，但是这些就一定是事实的真相吗？民间一直有一种说法，认为根本就没有什么假的柔福帝姬，被处斩的其实就是真正的公主。这是因为在那个年代，皇权是至高无上的，没有人胆敢欺瞒皇上。再加上事关皇族，人们一定会很谨慎，如果不是有十足的把握，那些宫人是绝不敢断定公主是真的。

那么，宋高宗为什么要杀死自己的妹妹呢？很多人认为，这是因为宋高宗的生母韦太后在北方曾和柔福帝姬一起受到金人的凌辱，她害怕自己在北方被凌辱、被糟蹋的丑事被柔福帝姬说出来，宋高宗为了保全母亲的名声才不得不杀死柔福帝姬。

事情到底是怎样的？柔福帝姬到底是不是真的？这一切的

第七章 宫廷之事,是蓄谋,还是另有隐情◇

真相早已淹没在了历史的长河里了。

在惊风骇浪中,她无法左右命运的帆,犹如沧海一粟,无足轻重。生于帝王之家,高贵已然不是护身符,而是随身背负的荆棘。一代公主已隐身于岁月风尘,只留下一声叹惋、一息悲声。

◇历史丢失的真相

梃击案
谁才是最终的始作俑者

一位手持木棍的男子,一位不受宠爱的太子;一个胡言乱语的凶徒,一桩不了了之的悬案,是胆大包天还是装疯卖傻?是狂性大发还是受人指使?明末的梃击案,不仅揭开了浓雾笼罩的宫闱一角,也让人们得以窥视在那个骨肉相残的年代中生存的残酷。

差点被打的这个人不是普通人,而是万历皇帝的长子朱常洛。万历帝皇后无子,妃嫔共生八个儿子,其中早死三人,实际竞争太子的只有两位:一位是宫人王氏所生的皇长子朱常洛,另一位是郑贵妃所生的皇三子朱常洵。

万历皇帝晚年宠信皇贵妃郑氏,他对自己与宫女王氏所生的朱常洛极为不满,就想立郑贵妃所生的朱常洵为太子。然而,万历皇帝想立朱常洵为皇太子,既怕违反祖制,又怕受到朝臣的反对。所以,他迟迟19年不立皇太子。最后,皇太后干涉了

第七章 宫廷之事，是蓄谋，还是另有隐情

此事，万历皇帝迫不得已，于万历二十九年（1601年）册立朱常洛为太子，但同时也封朱常洵为福王，赐洛阳为其藩国，这就是明末的太子之争。

然而，朱常洛的太子当得并不舒服，他一面战战兢兢唯恐被废，一面忍气吞声地禁闭深宫，原想着唯唯诺诺得以保周全，谁料到事情并不由他所愿。万历四十三年（1615年）五月的一个傍晚，朱常洛居住的慈庆宫忽然闯入一个五大三粗的名叫张差的男子，他手持一根粗大的枣木棍，几下就打倒了守门的老太监，然后不由分说就直奔太子寝宫。贴身太监见阻拦不住，只能关闭大门，大声呼救。幸好宫里的侍卫们闻讯赶到，并与同时赶来的几个太监一起才将此男子擒获，交由东华门的守卫指挥使朱雄收监。

朱常洛非常受惊，第二日就将此事禀明了父皇，万历皇帝下令审讯。然而负责审问的"浙党"官吏以凶徒是个疯癫病人为由草草结案。与此同时，朝中一些郑贵妃的党羽也多次上书要求尽快处死凶徒。

张差的供词和处理的结果引起了朝中一些官员的怀疑，再联系到这段时间郑贵妃的种种活动以及太子之位引发的种种争斗，这个事情恐怕有人在背后操纵，而且似乎就是冲着皇太子朱常洛去的。朝中东林党大臣怀疑此事是郑贵妃所为，请求皇

◇历史丢失的真相

帝彻查此事。

为了皇太子的安危，刑部提牢主王之寀决定彻查此案，他在牢中亲自审问张差，见张差身强力壮，样貌决不像一个疯癫之人。一开始，张差不想说，也不敢说，后来王之寀用饭菜引诱他，张差才开口说出了一个惊人的秘密。张差供认，在此之前，他曾受一个不知名的太监的委托，要他刺杀太子，太监承诺事成之后分给他几亩田地。后来，太监带他入太子宫，并要他见一个打杀一个，并承诺事后救他出去。

王之寀听后大惊，明白了这次张差行刺确实有宫里的人在背后指使，而且目标就是皇太子。王之寀马上将审讯的结果上奏朝廷，结果引起轩然大波。大臣们议论纷纷，都认为这个事情背后肯定有宫里的大人物指使，而且暗示此事的主谋一定是郑贵妃，并且郑贵妃的父亲郑国泰也脱不了干系。进一步调查之后，两名太监也得以曝光，他们就是郑贵妃的两个心腹太监庞保和刘成。

事情虽然明摆着可能与郑贵妃有关，而且大臣们也一再上疏，要求彻查。但是，慑于郑贵妃的权势，大臣们并没有直接提到郑贵妃和外戚郑国泰，郑国泰竟然自己按捺不住，写了一个表明自己清白的帖子上奏万历皇帝。这几乎无异于"此地无银三百两"。

第七章 宫廷之事，是蓄谋，还是另有隐情◇

给事中何士晋抓住这个时机，上奏万历皇帝说："大臣们上的折子并未说国泰就是主谋。张差的口供也还没有交上来，国泰就变得如此慌张，不能不对其有所怀疑。"万历皇帝不愿意再把事态扩大，毕竟郑贵妃是自己的第一宠妃。即使郑贵妃做出这样的事情，自己也不好说什么。

于是，万历皇帝就让郑贵妃去见太子朱常洛。郑贵妃见到太子后，极力为自己开脱，并向太子下拜。万历皇帝也在一旁帮郑贵妃开脱。朱常洛既不想得罪万历皇帝，也不想得罪郑贵妃，再加上自己也算逃脱了危险，于是也不想深究。最后，朱常洛只好答应把张差这个疯癫的人处决就行了，不必再有株连。刑部就此结了案，将张差凌迟处死。

太监庞保、刘成在张差死后，见死无对证，便百般抵赖，最后均被万历皇帝密令处死。到此，这个案子就算最终结了案。

案子就这么有头无尾地结了。但是今天看来，这个案子仍存在诸多疑点，因此成为史上又一充满迷雾的疑案。谁才是最终的始作俑者呢？答案或许不言自明。

一个太子身居高处，难免高处不胜寒。于朱常洛而言，本就处境尴尬，能保全自我性命、能稳住太子之位已属不易，此时隐忍或许才是最为明智的选择。

◇历史丢失的真相

崇祯帝

死也不南迁或另有隐情

此时，他心里的种种怨恨被万千无奈吞噬着。看着祖宗基业就此毁于一旦，看着大明王朝就此倾覆，他有些近乎疯癫，又转瞬异常冷静，于泣泪之中写下锥心的遗言。在他看来，唯有一死是他最后的尊严和傲骨……

明崇祯十七年（1644年）三月十八日，李自成率领农民起义军攻陷北京，崇祯帝无路可逃，最后在紫禁城后的煤山上自杀。至此，屹立了200多年的大明王朝灭亡了。

其实对崇祯帝来说，当时有一个办法可以自保，那就是放弃危在旦夕的北京，到南京建立临时王朝。这一办法或许过于自私，但是尚可保住江南的半壁江山，明朝或许不会这么快就灭亡。但是崇祯帝却迟迟没有南迁，放弃了一条生路，还亲手断送了大明江山，自己也自缢身亡。那么，崇祯帝为什么迟迟

第七章 宫廷之事,是蓄谋,还是另有隐情

不肯南迁呢?他难道是真的不想南迁?

迁都的建议是崇祯帝在德正殿进行一次私下召见时,由江西籍官员、翰林学士李明睿首次提出的。当皇上问到今后的策略时,李明睿的回答相当坦率,甚至在提到北方失利时也无所顾忌。他说,义军已经逼临京城,朝廷正值"危急存亡之秋",唯一明智的选择,就是迁都南京。然而,崇祯帝对此却踌躇不已:面对外患,如果弃地守京,就会落下丢失国土的千古罪名;面对内忧,坐以待毙,又会蒙受失政于寇的奇耻大辱。这个两难的选择使他犹豫不决,他一心想做名垂青史的圣君,根本不能承受这种失地失国的罪名。

于是崇祯帝将这一问题提出来,交给大臣们商议,想让大臣们正式提出南迁,然后他再顺水推舟作个表态,免得承担历史责任。可是,崇祯帝身边的大臣个个老奸巨猾,没有一人站出来表态。由于没能从他们口中得到想要的答案,崇祯帝最后只好决定"早朝廷议公而决之"。朝堂上,众朝臣展开了唇枪舌剑的激烈争夺,结果相持不下,最终不欢而散。崇祯帝自己又不愿意承担丢弃宗庙社稷的大罪,于是这个正确的策略便被搁置一边了。

那些主张绝不弃国土的臣子们,真的是心口如一、以死报国的忠臣吗?当然不全是。他们中多数认为假如自己表态不弃

◇历史丢失的真相

国土，日后就逃脱了丢失国土的罪名。而后又不公开反对"弃地守京"，则是遵照崇祯帝的心思。他们想着即使有朝一日秋后算账，这个刚愎自用又心胸狭窄的皇帝，为了开脱自己的罪责会找一个因弃地守京而丢失国土罪名的替罪羊，他们自己也可以明哲保身。有这样一帮满脑子为个人打算的庸臣，再加上个优柔寡断、只图虚名的皇上，国家怎能不亡？

三月初，李自成势如破竹，攻克了宁武，明军一败涂地，京城已经岌岌可危，崇祯帝又连夜召诸大臣商议对策。然而却有人提议皇上应该守京师，让太子下江南。崇祯帝顿时勃然大怒："朕经营天下十几年尚不能济，孩子家做得了什么大事？"其实大家都明白，皇帝自己本想南逃，却硬要众大臣说出来。但这时仍没有大臣劝皇帝南迁，到了最后，也只是下了个"入京勤王"的圣旨，等待各路大军来京护驾。

然而勤王的军队没到，告急奏折却像雪片一样飞来。这时李明睿又来紧急求见，力劝崇祯帝南迁。崇祯帝再次召集大臣，希望大家奏请他南迁。可是这一次他又失望了，大臣们全都沉默不语，谁也不肯开口。僵持之际，前方信使来报："真定失陷了！"这一下，崇祯帝不禁呆坐在那里，一句话也说不出来，两行眼泪已然流下。因为南迁的路被从中掐断，南迁之议已经成为泡影了。

第七章 宫廷之事,是蓄谋,还是另有隐情

最终,李自成率领农民起义军攻入北京,崇祯帝无路可逃,自缢而亡,国祚绵延200多年的明王朝就此灭亡。

他本想勤政图治,有所作为,奈何生不逢时,接手的是一个危如累卵的末路王朝,一个难以挽救的烂摊子。大明气数尽了,他也随之而去。

第八章　与清醒作对的帝王们

晋景公

于粪池里溺死的国君

一代君侯，最终没有死于疾病，也没有死在他人的暗害上，却死在了污秽不堪的粪池里。是命运之捉弄，还是意外中的意外，总让人觉得有些荒诞，又有些不可思议。

提起晋景公，很多人大脑可能一片空白，这或许间接证明了他的确没有存在感。但是要提起"赵氏孤儿"，想必大家再熟悉不过。"赵氏孤儿"的故事，就发生在春秋时期晋景公在位期间。

第八章 与清醒作对的帝王们

在"赵氏孤儿"的故事里,晋景公不辨忠奸,纵容屠岸贾灭了忠臣赵氏满门,再加上对"春秋笔法"倍加赞扬的《左传》明明白白地记载着他不得善终的事实,所以人们总是将他当做一个无能而昏聩的君主。

其实,这种印象并不符合历史事实。他不以一眚掩大德,任用战败的荀林父扫灭潞国,又知人善任,派随会荡平赤狄,是很有些武功的。此外,他纵横捭阖,运用外交手腕多次将齐、楚等强国的攻势化于无形;齐顷公欲尊他为王,景公克制了自己的虚荣私欲,拒绝了齐顷公的"好意"。这说明,晋景公是一个有着高超政治才能的君主。然而人无完人,在赵盾一家灭门惨案中,他确实看走了眼,杀错了人。

赵家灭门后,晋景公噩梦不断。他常常梦见一个长发披面的厉鬼向他索命。这厉鬼身形高大威武,口中还振振有词地骂着:"昏君无道,我赵氏世代忠良,为成就你晋氏霸业,前仆后继、肝脑涂地,你不念劳苦,竟然将我无辜子孙屠戮殆尽,真禽兽不如!我已上报天帝,你不久就要为你的蠢行偿命赎罪!"说罢,挥舞着铁刺般的利爪,满身鲜血地向晋景公扑来。晋景公吓得委顿在地,动弹不得,就在要和厉鬼近身搏杀之际,突然醒来,这才发现自己是在做梦,给夜风一吹,冰凉打战,原来已惊出了一身的冷汗,从此一病不起。而这噩梦日夜纠缠,

◇历史丢失的真相

晋景公的病也一天重似一天。

晋景公心想这不是简单的噩梦,而是有厉鬼缠身作祟,于是访求巫道,希望能够摆脱厉鬼的纠缠。恰巧那时一个叫桑田的地方住着一位神巫,名声远播,于是被晋景公召入宫中。神巫占卜掐算,将景公所梦之事分毫不差地讲了一遍,听得景公目瞪口呆。他仿佛抓住最后一根救命稻草一般,焦切地问道:"该当如何?"只见神巫摇头叹息着说:"这厉鬼本是前朝功臣,身具大神通、大威能,且此时激于子孙被冤杀之愤怒,不达目的誓不罢休,我道行浅,无法将他制服。"晋景公听得呆了起来,又问:"那寡人的病体是吉是凶?"神巫一揖到地:"请恕小人直言,国君您恐怕吃不到今年的新麦了。"麦子在六月成熟收割,神巫的意思是晋景公已然活不过六月了。

晋景公听得说不出话,也不知在想些什么。这时立在一旁的屠岸贾突然大声骂道:"妖人竟敢在此惑乱国君!若君王能吃到今年的新麦,就把你抓来砍头!"说罢,叫人将神巫轰了出去。屠岸贾的反应之所以如此剧烈,是因为他害怕晋景公"病急乱投医",将自己杀了,用来祭祀赵家先人。

命是自己的,岂能因为别人的一句话就此放弃?晋景公又找了别的神巫前来占卦。卦象上显示说,梦中那位前朝功臣仍有子孙在世,他心怀仇恨,日夜图谋复仇。景公于是找来韩厥,

第八章　与清醒作对的帝王们

问他赵氏孤儿的情况。韩厥决定赌一把，于是把赵武就是赵氏孤儿的实情说了，又进谏景公："自我大晋开国以来，一直到先王成公在世的时候，赵家始终尽力辅佐，从未有过二心，世世代代都为我大晋立下功劳，可是您却灭其满门，天下百姓没有不可怜赵氏，私下为之伤心的。占卜所示不过天意，天意不过民心，所以无有不中，请您仔细想想这件事吧。"

晋景公于是叫韩厥秘密将赵武接进宫中，当晋国诸将入宫向景公探病的时候，四下里突然窜出大批甲士，将懵懵懂懂、不知发生何事的诸将制服于利刃之下。这些甲士当然是韩厥预先埋伏在宫中的手下。诸将尚未有机会开口询问，韩厥已拥着赵武出现在诸将面前，将事情原委讲了一遍。

诸将以为赵家早已绝后，不想在此见到赵武，不得已之下，只得将罪过都推到屠岸贾身上，异口同声地说："诛杀赵氏都是屠岸贾的阴谋，他假传君命，强迫我们就范，否则我们怎肯发兵作乱？"又抢着道："我等此次入宫，一则为了探望君王，二来也是要劝君王恢复赵氏。现在天幸赵武还活着，该怎么办只是您一句话的事。"于是众人筹划部署，终于将屠岸贾杀死。

赵武恢复赵氏，将他养大的程婴功德圆满，但程婴心里觉得对不起自己那代赵武而死的孩儿，于是刎颈自杀。赵武为他守孝三年。

◇历史丢失的真相

可是,"改过自新"的晋景公并未因此恢复健康,相反,他的病情越来越重了。他听说秦国有一位叫缓的名医,任何疑难杂症到他手里都是药到病除,于是派人西去秦国,请缓过来看病。

缓终于来了,他给晋景公把脉后,直言已经无能为力了。景公叹息道:"看来天命如此,不可强求。"于是赐缓厚礼,又将他送回秦国。

到了六月丙午日时,新麦已经开始收割,久病的晋景公忽然想吃麦粥。其实,景公的心理很微妙,他是在跟当初那个断言他无法吃到新麦的神巫赌气。景公把神巫招入宫中,那碗新麦煮成的麦粥正摆在景公的桌上,冒着热气。景公闻着麦粥的香气,指着跪在下面的神巫骂道:"你不是咒骂寡人吃不到新麦吗?看看这是什么!"于是喝令手下将神巫拉出去砍了。

出了一口恶气的晋景公正要吃麦粥,可是突然之间腹痛难忍,只好在左右扶持之下去厕所方便。不过,久病体虚的景公双足发软,没能在厕内站住,于是跌入粪池,在里面溺死。

这样的结局让人感到很是惊异,可能晋景公自己也没想到。如果翻看历史上众君王的死因,晋景公的死法的确是最为奇特的。所谓的神巫之断言,我们暂且不必讨论真伪。晋景公之死在荒诞之余,又好像纯属意外中的意外。

汉文帝

不问苍天问鬼神

李商隐有一首绝句,题目叫作《贾生》,是这样写的:"宣室求贤访逐臣,贾生才调更无伦。可怜夜半虚前席,不问苍生问鬼神。"这首诗对封建帝王只关心虚无缥缈的鬼神之事,却忽视民生之事进行了辛辣的讽刺,历来为人所传诵。

汉文帝可以说是历史上一位非常有作为的皇帝。他生活节俭,与民休息,励精图治,算是历史上难得的一位好皇帝。历史上的"文景之治",就是汉文帝和汉景帝在位时期出现的治世。但作为帝王,难免会有利己之心。对于迷信鬼神这方面,汉文帝比上(秦始皇)不足,比下有余(汉武帝)。为什么这么说呢?

汉文帝前元十五年(公元前 165 年),赵人新垣平胡编了一通鬼话,说"长安东北有神气,成五采",就像一顶帽子一样,这是大大的"祥瑞",应当建立祠宇,祭祀上帝,"以合符应"。

文帝听后,很是高兴,便在渭阳盖了一座五帝庙,"一宇之内而设五帝,各依其方帝别为一殿,而门各如帝色"。

这个新垣平到底是何方神圣呢?是汉文帝时期的一个方士,他靠骗术骗取汉文帝的信任。但他的道行比秦始皇时期的徐福可差太多了!汉文帝相信了他的话,建起了五帝庙,这也仅仅是为了江山社稷和后世子孙着想,也不足为道。在此期间,新垣平不过是故伎重施,说一些小方术来骗取汉文帝的继续信任罢了。

两年后的一天,新垣平说:"京城里出现一股宝玉气,必定是有人来献宝了。"不一会儿,果然有人拿着一个玉杯要献给皇帝,杯上还刻着"人主延寿"四个字!他还胡说什么"臣候日再中",说他曾见到太阳已过了中午,又倒转过来了,结果使一天有两个中午。文帝也相信了,这一年按"前元"计算应为前元十七年,还因此而特意改为后元元年,并让全国各地都大大庆祝了一番。

新垣平又尝到了甜头,鬼话自然越编越玄。他说"臣望东北汾阴直有金宝气",大概是沉没在泗水中的周鼎要出世了,汉文帝又赶忙在汾阴南盖了一座庙,准备迎接周鼎。

不过鬼话终究是鬼话。新垣平越发得意之后,当然会引来一些人的妒忌甚至猜测，后来，新垣平的骗局终于被人揭穿了。丞相张苍和廷尉张释之暗地里派人去监视新垣平的行动，还真的查出了那个在玉杯上刻字的工匠。原来献给皇帝的那个玉杯，是新垣平制作的，献杯人也是他事先安排好的。

张苍和张释之让人上书，告发新垣平所说的话没有一句是实话，有凭有据的罪状不得不叫汉文帝相信。他仔细地想一想，才从迷梦中醒来，他后悔自己的糊涂，痛恨方士的可恶，他立刻革去新垣平之职，把他交送廷尉张释之审问。

新垣平一见张释之的威严，早已吓得魂飞天外，一经审问，他就把前后欺诈的经过和盘托出。张释之判他个大逆不道的重罪，新垣平被捕下狱，灭门三族。唐陈鸿的《长恨传》中有言："恐钿合金钗，负新垣平之诈也。"用的就是这个典故。

自从新垣平的鬼话被揭穿以后，汉文帝便再也不去五帝庙祭祀了。从此一心治理朝政，爱惜子民，从而出现了"文景之治"的盛况。

骗子套路深，皇帝也天真，于是就出现了这样一个鬼话连篇的高端骗局。作为一代明君，汉文帝也有"打瞌睡"的时候，而这个"瞌睡"着实有些虚无缥缈，云里雾里。

◇历史丢失的真相

苻坚

当帝王迷上一个男宠

自从见到慕容冲后,他那俊秀的面容、娇美的身影便在苻坚的脑海里反复浮现,挥之不去。对于这位前燕国的皇室公子,苻坚竟然动心了。在他看来,这是上天赐予他的最好礼物。

中国历史上出现了不少因为迷恋女色而断送江山的皇帝,例如夏、商、西周、北齐等朝代,都是因为君主迷恋女色而丢了祖宗基业。但是东晋十六国时期的前秦政权却是一个特例,因为皇帝苻坚迷上了一个男人。曾经不可一世的前秦,最终就毁在皇帝苻坚和慕容冲之间的情恨纠葛中。

苻坚是前秦开国君主苻洪的孙子。他性格古怪,从小就早熟,年龄与情商的增长一点也不成比例。在他七岁的时候,他就懂得如何帮助别人摆脱困境,在他八岁的时候,他的言谈举止就十分成人化,在一堆孩子中间,显得格外扎眼与不协调。

第八章 与清醒作对的帝王们

苻坚在八岁的时候，居然主动找到自己的爷爷，希望能给自己找一位老师教自己读书识字。虽然对孙子的要求很奇怪，但苻坚的爷爷还是为他找了一位老师。

苻坚学习很刻苦，很快便学得了一身好本领。在苻坚长大后，统治前秦帝国的是他的堂兄苻生，苻生是一个生性残暴、喜欢嗜杀的君王，每日上朝的时候，随身携带杀人的铁钳、钢锯，如果哪个大臣说话不中听，或者不听他的话，当下就大开杀戒，血溅当场。这样一个皇帝必然不会受到欢迎，苻生坐上帝位不过数月，便成了全民公敌，人人都想诛之。在公元357年，苻生和苻坚之间的矛盾日益激化，为了保全自己，苻坚先下手为强，发动了政变，将苻生消灭，成为新皇帝。号"大秦天王"，定年号"永兴"。

在东晋十六国的君主中，苻坚是少有的英明皇帝。他曾被历史学家评价为"文学优良，内政修明，大度容人，武功赫赫"。苻坚也的确是有所作为，他用短短的十几年间，便基本统一了北方，令前秦达到了巅峰时期。

随后苻坚便率军进攻前燕，公元370年，前燕陷入了困境，新皇帝慕容暐年轻气盛，任意妄为，排挤能臣，导致朝中无人，最终在苻坚强大的攻势下，陷入土崩瓦解的局面。当时前燕皇室的许多人都成了前秦的俘虏，除了皇帝慕容暐，被前秦俘虏的还有他的弟弟中山王慕容冲和妹妹清河公主。

前燕建国者是鲜卑族，这个民族的人都有一个共同的特点就是皮肤出奇的白，所以这个民族的人也被称之为"白奴"。其中被苻坚掳走的慕容冲和清河公主虽然当时只有十二三岁，但都算是鲜卑族人里的极品。尤其是慕容冲，虽然是男儿身，但生得唇红齿白，面如璞玉，令苻坚为之神魂颠倒。

自从见到这姐弟俩，这位战功赫赫的前秦皇帝对后宫三千粉黛便全都不放在眼里了，独独对这掳来的姐弟俩给予厚爱。将他们一起送进宫里，不分白天黑夜地宠幸起来。长安百姓们还对此编了两句歌谣："一雌复一雄，双飞入紫宫。"

从王爷到男宠，对于慕容冲来说显然是无法磨灭的仇恨。从苻坚强迫他入宫的那天起，慕容冲的心里就埋下了复仇的种子。在苻坚享受着与慕容冲的恩爱时，他所倚重的宰相王猛看不下去了，规劝一番，才使苻坚极其不舍地把慕容冲放出了皇宫，做了平阳太守。苻坚本是爱慕慕容冲的，但慕容冲却将这段经历视为奇耻大辱。

在14年后，慕容冲卷土重来，于公元385年打到长安城下。慕容冲攻势强悍，苻坚眼看城池守不住了，便拿出二人当年温存的旧衣服派人给慕容冲送去，希望能感动旧情人，结果却遭到了慕容冲的拒绝。

第八章　与清醒作对的帝王们

这位多情帝王不得已留下太子苻宏当替死鬼，自己领兵逃到五将山，但不幸被羌族首领姚苌杀死。而慕容冲攻进长安后，在城里大肆屠杀，一洗当日的耻辱。苻坚最终也无法想到，自己栽到昔日的一番多情之上。

那句"我悔不听王猛之言，使白虏猖狂至此"，是苻坚的痛悔之言，也是他最后的清醒。可惜，已经为时已晚。

◇历史丢失的真相

宋徽宗
不爱黄袍爱道袍

他是一个多才多艺的皇帝，书法、绘画、诗词、射箭、蹴鞠样样精通，天赋极高；他同样是一个荒淫无度、风流奢靡、任用奸臣的昏聩之君，置江山于不顾。更离谱的是，沉溺于道教的他还大修道教宫观，并自封为"道君皇帝"。

只存在 100 余年的北宋，就在宋徽宗的手中逐渐走向了灭亡。

在政事上无所作为的宋徽宗，是一个极端迷信的皇帝。在他统治期间，曾向全国各地搜集祥瑞的征兆。比如，今天天神在坤宁殿显灵了，明天在某某处又看见飞龙出现了，或是像真宗时那样在什么地方又看见天书之类的东西等。只要有人上报，他就会一一封赏。他有时还会率领众多道士去祭天。徽宗不仅自己崇信道教，还下令让百姓都信奉道教。而且每年都会给道

第八章 与清醒作对的帝王们◇

士许多钱财,如此一来,越来越多的人都开始当道士,宋朝道士的人数空前增多起来。然而这些真假道士也开始四处招摇撞骗,成为社会的寄生虫,严重侵蚀着宋朝的国力。

宋徽宗尊崇道教,而且也喜欢别人称呼他为"道君"或"道君皇帝"。不知道他是出于何种心理,这样的怪事果真见所未见、闻所未闻吧。这其实还要拜周围那些奸臣道士的谄媚吹捧所赐。

有一次,一个叫林灵素的游方道士被推荐给了宋徽宗。林灵素得到宋徽宗的召见后,就开始拍马屁了,说:"皇上您是天上的长生帝君,住在神霄宫玉清府;您的兄弟是青华帝君,你们都是玉皇大帝的儿子。"宋徽宗听说自己是长生帝君,玉帝之子,禁不住心花怒放。自此,宋徽宗就认为自己是神仙下界来治理国家,神授天命,于是在道录院让道士们册封自己为"教主道君皇帝"。他还特赐给林灵素"金门羽客"之号,又建通真宫让他居住。果然荒诞至极!

这还不算完,接着他又耗费巨资,大动土木,兴建了很多宫观庙宇,还给神仙人物加封赐号,制定道教节日。他加封玉皇大帝为"太上开天执符御历含仁体道昊天玉皇上帝",加封后土神为"承天效法厚德光大后土皇地祇",加封庄子为"微妙元通真君",列子为"致虚观妙真君"。他对道士给予优宠,提高

◇历史丢失的真相

道士地位。还提倡学习道经，设立道学制度和道学博士。经常召见男女道士不计其数，特别注重符箓道术之类的，将道教的信仰推向高潮时期，胜过先皇宋太宗。因此，宋徽宗就成了中国历史上最著名的"道君皇帝"。也可以说他是既当皇帝又在做道士，其信道是如此执着而痴迷，那么治国又是如何呢？

宋徽宗只图享乐，嗜好声色、书画、鸟兽，贪恋于酒色娱乐，玩物丧志，疏于治理朝政，重用奸臣蔡京为宰相、童贯为亲信，不察民情，过着荒淫奢侈、纸醉金迷的糜烂生活。因此先后引发了大规模的农民起义。国弱民贫，也导致了非常耻辱的"靖康之难"。而在这国破家难之际，宋徽宗仍然执迷不悟，自从他自封为"道君皇帝"之后，就陷入了个人崇拜的漩涡中不能自拔。

宣和七年(1125年)八月，金国大举南下进攻宋朝，很快打到了黄河岸边。宋徽宗见形势不好，匆匆禅位于儿子赵桓，是为宋钦宗。靖康二年（1127年），金兵再次大肆入侵中原，将京城汴梁（现在的开封）围困。宋徽宗父子皆信有神相助，就深信方士郭京与刘无忌招募所谓的"神兵"，身负符箓，声称召请"六丁六甲"和"北斗神兵"等就会刀枪不入，神力无边。都说人的信念能让人变得异常强大，但宋徽宗也太自不量力了。当这些"神兵"与金兵一交手，就被金兵的弓箭大败，京城被攻克，北宋彻底消亡，宋徽宗与儿子宋钦宗彻底沦为了亡国奴。

更为讽刺的是，宋徽宗被囚禁之时还身穿道袍，不忘记自己是道君皇帝。

就这样，一个亡国之君开始了九年多的囚徒生活。囚禁期间，宋徽宗受尽折磨，曾写下了许多凄凉、哀怨的诗句，如"彻夜西风撼破扉，萧条孤馆一灯微。家山回首三千里，目断山南无雁飞。"九年后，他在屈辱和病魔中死去。

弥留之际，他会想到什么呢？如果人生能重来，他会不会选择做一个明君呢？如果不曾坠入道教神学而迷失自己，他是不是就不会有靖康之变的屈辱呢？可是，历史没有如果。

◇历史丢失的真相

明朝公主
屡遭骗婚的历史奇闻

谈起骗婚,人们并不奇怪。但是如果说古代公主遭到骗婚,人们就会感到很不可思议了。在明朝,不止一位公主遭到过骗婚,这让人唏嘘之外,也难免心生疑惑:怎么可能?这又是怎么回事呢?但这样的事却真实发生过。

明代的皇室有一个奇怪的规定,公主婚配时,所选取的夫婿必须是民间优秀的男子,不许和文武大臣的子弟结成夫妻。原因很简单,依据前朝之鉴,明朝皇帝害怕外戚干政,使自己的江山落入异姓之手。所以要堵死"强强联姻"这条路,来断绝大臣们干涉朝政的威胁。

这个规定令明朝出现许多平民驸马爷,虽然杜绝了外戚干政的威胁,却引来了另外一个隐患。因为公主虽然只能"下嫁"给老百姓,但毕竟是金枝玉叶、皇家的血脉,所选的夫婿一定要德才兼备、品行端正，能够配得上皇室的尊严才行。可是皇家总是深处深宫之中，无法亲自到民间去挑选乘龙快婿，为公主选女婿这件事情就只能交给下人去办，而最得力的助手就是宦官。

托人办事总是不太稳妥的，其中多少会有些差池。遇到心地良善的宦官，自然会尽心尽力为公主挑选一个称心如意的驸马爷。但如果遇到一个唯利是图的宦官，那他就会以权谋私，从中收受贿赂，看谁给的钱多，便帮谁说好话。

这样就给民间男子通过贿赂宦官，向皇室骗婚提供了可乘之机。出点小钱，将来娶了公主可就能一辈子大富大贵了，这笔买卖在当时看来十分划算。于是，许多民间骗婚之辈便打着挂羊头、卖狗肉的旗号通过贿赂宦官，诈娶公主，谋求富贵。而且这种事情在明朝居然屡禁不止，堪称历史奇闻。

明弘治八年（1495年），民间有个富商叫做袁相，他想成为皇亲国戚，便贿赂当时负责公主婚娶的太监李广，请他帮自己说说好话。李广收了钱，自然便在弘治皇帝面前大说袁相的好话。弘治皇帝没有怀疑李广的话，便同意招袁相为女婿，将德清公主嫁给他。

正当袁相欢欣雀跃的时候，有人向皇帝告发了袁相和李广之间的事情。上当的弘治皇帝立刻找人调查，果然发现这个袁相并没有李广说的那么好，骗皇帝的女儿当老婆，这犯的可是

◇历史丢失的真相

欺君之罪。当下恍然大悟的弘治皇帝恼羞成怒，他严惩了这两个欺骗他的人，但公主的婚期已经说定，就算不嫁给袁相，也要另选新驸马才行。

于是，弘治皇帝又赶紧全国物色，替公主另外寻觅下了一个德才兼备的驸马，才算了结了这场闹剧。这次皇室被骗案及时告破，也算是有惊无险了，但之后的嘉靖皇帝的公主就没有这么幸运了。

嘉靖六年（1527年），永淳公主要招选驸马，经过太监们的一致推荐，皇室选中了一个名叫陈钊的民间男子。就在永淳公主即将"下嫁"的前几天，嘉靖帝忽然得知了一个消息说，陈钊的母亲是二婚，而且还是别人的小妾。让堂堂的大明公主嫁给一个小妾的儿子实在是有失体统，于是嘉靖马上悔掉了这门亲事。但公主的婚期已经昭告全国了，要想推迟婚期总要给老百姓一个理由，如果说皇帝被一个小妾的儿子骗了，那岂不是很滑稽吗？

为了挽回皇室的尊严，嘉靖效仿弘治皇帝进行全国海选，想要挑选一位如意驸马，千挑万选之后，终于挑中了一个叫谢昭的男子。

这次，嘉靖皇帝亲自接见他。谁知这个谢昭居然是个秃顶的丑八怪，不知道他对多少太监进行了贿赂，才能被推荐过来。

但婚期不等人，再去民间选驸马已经来不及了，迫于无奈，嘉靖皇帝只得将女儿嫁给了这个谢昭。

这桩婚事举国震动，当时的老百姓编造了一曲民谣，专门列举了当时十件好笑的事情，最后一句便是嘲弄皇室招驸马："十好笑，驸马换个现世报。"

在明朝，公主们虽然是金枝玉叶，身份高贵，生活优渥，但婚姻大事却多掌握在宦官和管家婆的手里。她们逃不出政治婚姻，大多逃不出嫁给投机取巧、品行顽劣的市井之徒的命运。

第九章　正名，不是一件容易的事

刘禅

并非"扶不起来的阿斗"

在小说《三国演义》中，他是不思进取的"扶不起的阿斗"；在成语典故中，他是"乐不思蜀"的亡国之君。碌碌无为、贪图享乐是人们对他的固有印象；"亡国之昏君，丧邦之庸人"是后世的恶贬之评。

刘禅，小名阿斗，是三国时期刘备的长子。公元223年，刘备病故，刘禅继位，史称刘后主。刘禅在位41年后，蜀汉最终被魏国所灭。

然而刘禅是否真是"扶不起来的阿斗"？近些年来，一些

第九章 正名，不是一件容易的事

学者们对此提出了质疑。假若刘禅真是扶不起的阿斗，如此昏庸之辈又何以在位41年？所以，很多人认为刘禅虽然没有雄才大略，可也谈不上是十足的昏君。

刘禅能领导蜀国41年，其实还是有他的过人之处的。在刘禅漫长的政治生涯中，曾有诸葛亮、蒋琬、费祎、姜维等大智大勇之人相继辅佐过他，生活在刘备、诸葛亮这样巨星环绕的环境里，刘禅即使是有光也发不出来了。《三国志》记载，刘备临终前曾嘱咐刘禅："汝与丞相从事，事之如父。"所以诸葛亮在世时，刘禅对他十分敬重，视孔明如父，委以诸事，不加干涉，基本上都是"就按丞相说的办吧"。后来，诸葛亮要北伐，刘禅对此是有成见的，但也都憋在心里不说，充分体现了他严格执行刘备的教导以及对长辈的尊重。从这件事上，我们还可以看出，刘禅不和诸葛亮争执，其实一直都是在保持统治阶级内部的稳定，从而最终得到实惠的还是平民百姓。诸葛亮去世后，刘禅仍能继续领导蜀国30年。单凭能让皇权维持这么长时间而又没出大乱子这一点看，刘禅并非如史评的那么昏庸。

再看中国历史，人们都知道历朝末代帝王几乎都是横征暴敛、政治腐化、宦官专权，使得战争不断，民不聊生。可是刘禅没学他们，同刘禅相比较，南唐后主李煜除了会写诗词之外，估计连阿斗的一半都不如。

◇历史丢失的真相

刘禅生活腐化时，学者周谯和老臣董允上书劝束，刘禅最多也就是无可奈何，而不是一怒之下大开杀戒。后主刘禅可能是中国历代帝王里，对大臣动刀最少的一个了，这点非常难得。

公元263年，当魏国三路大军兵临城下的时候，刘禅选择了投降。虽然大多数人觉得这是因为刘禅懦弱，愧对列祖列宗。但从另一个角度看，刘禅此举是为了让百姓免受战火之苦。投降之后，刘禅便被世人嘲笑为"乐不思蜀"。作为一代君王，即使再昏庸也不该愚蠢到这个地步。其实，刘禅是通过超高水平的伪装让晋公司马昭放弃警惕而已，明哲保身，躲开杀身之祸，毕竟留得青山在，不怕没柴烧。然而在这样的伪装背后，每当想起西蜀的那片土地，想起父亲的亡灵，刘禅又为此流下了多少次眼泪？他的个中伤感又有谁人知晓？

刘禅领导的蜀国一直处于弱势，然而却能在乱世中存在41年，这又岂是扶不起的阿斗所能为之？

第九章　正名，不是一件容易的事◇

周瑜

一个被抹黑的文武之才

滚滚江水奔流东去，无数战船扑向曹营。只见周瑜羽扇纶巾，雄姿英发，于镇定自若中指挥万千大军。呐喊间，只见魏军营地战船火光冲天，兵士狼狈逃窜……赤壁一战，尽展他的超然智慧和指挥艺术。

然而，一声"既生瑜，何生亮"的叹息，却把他塑造成了心胸狭隘的小人，这是小说《三国演义》对于周瑜最大的感叹。在诸葛亮三气周瑜中，他竟然怒不可遏，最终气得吐血而亡。历史上真实的周瑜真的如此吗？

历史上，周瑜不仅性度恢廓，而且还是一代奇才。正史《三国志》详细地描述了三国那段英雄辈出、荡气回肠的历史，诸葛亮、庞统、司马懿、周瑜并称为卧龙、凤雏、幼麟、冢虎，冢虎即周瑜。周瑜是一个完美的化身，不论是政治军事上，还

◇历史丢失的真相

是人品修养上,都可谓高人一等。"英隽异才,文武韬略,可谓万人之英",再加上上天的厚爱,给了周瑜俊美的外表,风度翩翩的周瑜就是一个无可挑剔的文武之才。诗人范成大曾誉之为"世间豪杰英雄士,江左风流美丈夫"。

周瑜还具有良好的政治眼光。他少年时就送钱粮资助孙策,并一起攻打江东,可谓是少年风光。随后与孙策南征北战,为东吴政权的建立立下了汗马功劳。

在军事上,周瑜胆略兼人,智勇双全。三国时,曹操率大军南下,企图一举消灭刘备和孙权。为了抵御曹操,吴、蜀结成联盟。曹操骄傲轻敌,迫不及待地率大军顺着长江水陆并进。吴国的大将周瑜率吴、蜀联军驻守在赤壁附近。曹操的军队中,士兵多是北方人,不擅长水战。为了抵抗风浪颠簸,曹操下令将战船连结在一起。了解到这个情况,周瑜和部将黄盖决定采用火攻。随后,黄盖派人给曹操送了一封信,假称愿意带着手下的兵士投降。曹操看信后,大喜。之后,黄盖带上十艘大船驶往曹营。曹军闻讯都来观看黄盖投降。谁知,黄盖带来的不是兵士,而是十船浸油的干柴草。快到对岸时,黄盖下令点燃柴草,自己换乘小艇退走,十艘火船乘风闯入曹军船阵,顿时燃起一片火海。周瑜率大军乘势攻击,曹军伤亡惨重。

个人修养上,周瑜情趣高雅。孙策死后,面对比自己年幼

第九章 正名，不是一件容易的事

的孙权，他极为恭敬。陈普曾与周瑜不合，时为将军的周瑜折节下交，终令陈普折服，并说："与周公瑾交，若饮醇醪，不觉自醉。"周瑜精通音律，文学作品中还有一个典故"曲有误，周郎顾"。大致就是说即使是喝醉了酒，如果有人的音律有误，周瑜还是能听得出来，而且还能纠正其错误。

可是，就是这样一个雄才大略，又如瑾似瑜的人物，后人对他的评价却是越来越低。到最后却成了一位心胸狭隘、毫无才华可言的庸才。周瑜在民间的形象一落千丈，面目全非。

周瑜被抹黑也是一个长期的过程。东晋时期，蜀汉政权被视为封建皇权的正统，那么偏安江左、失去了半壁江山的东吴政权就遭人诟病，首当其冲的就是大将周瑜。习凿齿的《汉晋春秋》就对周瑜进行了贬低，周瑜就从英雄成了"小人"。唐朝时期，诗词繁荣，自由的文化氛围使大量唐诗开始涉及正统之争。不论是杜甫还是杜牧，都在诗词中表现出了对蜀汉政权的偏好，在诗文中也不加掩饰地调侃周瑜。此时，历史在文学之中也出现了偏差。到了宋代，文人政客间的朋党之争，使得人们在思想政治上的较量更为惊心触目。当然，关于三国之争也不可有幸。当朱熹的理学占了历史的上风，尊刘贬曹已经开始成了定局。为了达到尊刘的目的，那么曹魏、东吴政权自然成为被贬低的对象，周瑜作为东吴最具代表性的人物，也不可幸

◇历史丢失的真相

免。在宋代民间话本《三国事略》中，周瑜的形象已是不堪入目，鼠目寸光，好大喜功，心胸狭隘。到了明代，出现了举世瞩目的《三国演义》。这部演义文学将周瑜的形象完全改变。作者为了美化诸葛亮而贬低周瑜，把周瑜这个一代名将贬低为小心眼的代名词。然而《三国演义》是对人物进行了大量的艺术处理，不可当真，"三气周瑜"当然就更是毫无历史根据，历史上的周瑜最后是病逝于出征途中。此外，不论是草船借箭，还是赔了夫人又折兵、智激周瑜、借东风等故事，从正史考查下来，其实都与周瑜本人无关。

在《三国演义》之中，周瑜作为一个配角出现，他本人的人性光辉在面对主角的时候被磨去棱角，这种演义小说的畅销也是使得周瑜遭到后世贬斥的主因。

但故事终究是故事，而不是真实的历史，一代名将周瑜也没有那么小气和不堪。

第九章　正名，不是一件容易的事◇

武大郎与潘金莲

////////被恶意丑化的恩爱夫妻

提起武大郎，人们会想起那个勤恳窝囊，最终被妻子毒死的悲惨形象；提起潘金莲，人们会想起那个妖艳轻浮、谋杀亲夫的蛇蝎女人。在很长一段历史时期内，武大郎一直被当做窝囊男人的典型代表而受到人们的鄙视，充当了一个受苦受难甚至被害人的角色。而潘金莲更甚，数百年来，她被视为"千古第一淫妇"，承受着"淫妇"等道德意义上的唾骂。他们的形象从何而来？无非是中国的两部古典文学名著——《水浒传》和《金瓶梅》。

事实上，他们是真实存在的人物，而不仅仅是小说中的人物。那么，历史上的他们到底是怎样的呢？

据河北省《清河县县志》记载，武大郎姓武名植，清河县武家那村人，县志和武氏家谱可以证实，武植身材高大，相貌不俗，根本不是《水浒传》中的"三寸钉，枯树皮"。他聪明好学，知识渊博，于明朝某年考中进士，后为山东阳谷县令，在为官期间，他清正廉明，平反冤狱，治理河患，为百姓做了不少好事，世人尊称其为"武大郎"。

武家那村中有一座纪念武植的祠堂，整个祠堂由前庭院、展览厅、武植碑、武植墓四部分组成。一进武植祠堂，便可见武植雕像及为其正名的图画文字。祠堂后院有座土冢，便是武植墓。据其后人介绍，此墓始建于明代，为合葬墓，土冢原高9米、直径约20米，树木葱茏。墓前有清乾隆年间武家后人所立护墓碑。

1946年初，武植墓曾被掘开，村民亲眼看见里面的楠木大棺，出土的武植尸骨体形高大，依此推算生前身高应在一米八以上。虽然武植为官清廉，没有太多之前的随葬品，但是珍贵的楠木大棺完全可以证明他绝对不是一个靠卖烧饼维持生计的升斗小民。

而清河县城东北的潘家庄（后改名黄金庄），便是被武家后人称作"老祖奶奶"——潘金莲的家乡。潘金莲并不是什么潘裁缝的女儿，而是贝州潘知州的千金小姐，一位大家闺秀。她知书达理，随武植到阳谷县赴任，两人恩恩爱爱，白头到老，先后生下4个儿子。

第九章 正名，不是一件容易的事

可以说，历史的真实和人们所知的相差太远。这么多年过去了，关于对他们的错误认知非但没有减少，反而因四处流传而为更多人所熟知，是什么原因使无辜的他们处于这样的冤屈处境呢？

话说武植在阳谷为官时，体恤民情，为民请命，官声很好。而当地的西门氏是"阳谷一霸"，为非作歹，民讼不断。武植不畏强暴，为民伸张正义，因此得罪了西门家族。西门氏对武植怀恨在心，却又没什么办法，于是就编排一些武植的坏话到处宣扬。

就在这时，有一武植的同窗黄堂家遭大火，便到阳谷找武植求助。他来到阳谷县一住半月，因武植一直忙于政务，只是来的当天见了武植一面，便再也没有露面。黄堂以为武植不想资助他，故意避而不见，所以一气之下回到清河县。一路上，他为泄私愤，在道旁、树上、墙上写了很多武植的坏话，还编排西门氏与潘金莲的"绯闻"故事诋毁武植。回到家中，只见一座新盖的房屋亮亮堂堂，他很奇怪，一问妻子才知道，原来武植得知黄堂的遭遇后就派人送来银钱，并帮忙盖好了房子，本想一切准备妥当之后再告诉黄堂，可是……黄堂懊悔不已，但已经晚了，民间已传得沸沸扬扬，武大郎和潘金莲的清誉毁于一旦。黄堂也因太过自责而最终自杀。

◇历史丢失的真相

　　清河县的县志明文记载着武大郎夫妻的真实一面,但千百年来民众中流传的形象已经铁一般固定了下来。

　　一个是卖炊饼的窝囊小贩,一个是廉洁正直的清明县官,这是多大的形象反差?一个是狠毒放荡的毒妇,一个是知书达理、出身官家的大家闺秀,这又是多大的天壤之别?

　　很多时候,真相总是被冤屈掩盖,而我们在翻阅历史时,需要有清醒的头脑和锐利的眼光。

第九章　正名，不是一件容易的事◇

潘仁美

难以翻盘的千年之冤

说起潘美，也许不太有人知道，但说起《杨家将》里的潘仁美，估计人们就耳熟能详了。这是一个在文学艺术领域被塑造得相当成功的大奸大恶之人，其陷害忠良、卖国求荣的恶行，令世人发指。然而在真实的历史中，潘仁美的原型为北宋开国功臣潘美，绝非奸佞之臣。

潘美，字仲询，大名（今河北大名东北）人。初事周世宗柴荣，补供奉官。因与赵匡胤交情匪浅，当赵匡胤在陈桥驿发动兵变时，潘美与众将领拥立其称帝。宋朝建立后，为了统一全国，潘美率兵南征北战，先灭南汉，再灭南唐，后伐北辽，屡立奇功，对北宋的统一做出了巨大贡献，颇受赵匡胤的赏识与器重。

潘美不仅战功赫赫，而且宅心仁厚。宋人王铚在《默记》

中有记载，有一天，赵匡胤看见太监带来周世宗柴荣的两个儿子，便命左右将他们斩首。当时潘美手掐殿柱，低头不语。赵匡胤看出其心事，便问："汝以为非也？"潘美回答说："臣岂敢，但于理未安。"赵匡胤便放还二子，并把其中的一个赐给潘美，即潘美的养子潘维正。可见潘美的确具有仁爱之心，品格忠厚。

如此一位开国功臣、大宋良将，为何竟被说成了卖国求荣的奸臣了呢？恐怕还得从宋辽之战说起。

宋太宗雍熙三年（公元986年），辽军以十余万兵力入侵北宋。宋廷兵分东西两路迎击敌人，东路军由曹彬统帅，战败于涿州。西路军由潘美为统帅，杨业为副帅，与辽兵接战于朔州。杨业便是《杨家将》中佘太君的丈夫，杨建业。宋辽之战，辽兵实力强大，杨业深知硬攻不可取，但随军监军王侁、刘文裕等邀功心切，主张强取，更下令逼杨业出战。杨业就是在力谏不成，被逼强攻而后援接应失误的情况下，兵败被捕，绝食身亡的。

史实如此，是否应该说是王侁害死杨业？可为何陷害忠良的罪名最终却落在了潘美头上？仔细推敲，身为统帅的潘美，历经数年征战，对其时的敌我形势应该心中有数，竟然眼看着副帅杨业被逼出战而不力保之，这恐怕就是潘美被后人非议，甚至被塑造成反面人物的根源所在吧。但潘美是故意任杨业送死而不顾，还是因有心无力而有所顾忌？仍未可知。

之所以说潘美有心无力，有所顾忌，是因为王侁的监军身份。太宗皇帝在兵制上采取了收权的措施，在军中设监军，往往由其亲自指派宦官担任，对在外将领进行监督，负责将士的功过赏罚，甚至有权处死意图不轨的将帅。后来竟演变为监军有权处理军机，并且能使将帅服从命令。这就造成了精通军事的将帅无权而不懂用兵的宦官发令的混乱局面。王侁恰恰就是一个刚愎自用但又深得皇帝信任的监军，也难怪潘美可能会心存自保之念而不敢与之作对，唯有眼看着副帅杨业"英雄一去不复还"了。

岁月沧桑，终不能磨灭潘美在北宋王朝建立初期的丰功伟绩。然而人言可畏，世代相传的文艺作品，致使多少历代忠臣良将被淹没在历史的长河之中，为世人唾骂？这着实令人心痛。

◇历史丢失的真相

第十章　随真相丢失的国宝

"北京人"化石

难寻踪迹的国宝

在那个动荡的年代,它的发掘吸引了世界的目光,也成为无数列强争夺的对象。在历史的长河里,它的存在已经足够久远;而在人们的视线里,它却仿佛如流星划过,独留下一片空白,一声遗憾的叹息……"北京人"化石已经成为难以寻觅的珍贵国宝。

1929年,继瑞典科学家发现两颗"北京人牙齿"后,中国古人类学家裴文中在北京周口店龙骨山发现了一个完整的"北京人头盖骨",距今约50万年。而在此前,被普遍接受的最早化石记录是西欧的尼安德特人,距今不超过10万年。

第十章 随真相丢失的国宝

之后，裴文中和古人类学家贾兰坡又连续发现了几个完整的"北京人头盖骨"化石。1927年以后，被发掘的"北京人"（包括"北京人头盖骨"）化石一直保存在北京协和医学院。

"北京人"化石为什么要保存在北京协和医学院呢？在协和医学院保存好好的"北京人"化石后来为何又被拿出来？更让人不可思议的是，这个国宝到最后居然消失得无影无踪，这中间都发生了一些什么事情呢？

"北京人"化石之所以要保存在北京协和医学院，这是因为当时协和医学院是属于美国的机构。尽管1937年卢沟桥事变后日本军队侵占了北平，可侵华日军一时还不敢轻易踏入协和医学院。直到此时，"北京人"化石在这个"保险箱"里还安然无恙。

为什么要将这些原本保存在北京协和医学院的"北京人"头盖骨化石转移？而转移的目的地为什么又会选择美国？

1941年，太平洋风云变幻，日美战争已迫在眉睫。为了"北京人"化石的安全，魏敦瑞提议把文物送到美国保存。由于种种原因，起运工作迟迟未能进行。

1941年11月20日，文物运送终于提上日程，化石开始进行秘密装箱，其中共计有北京猿人头盖骨5个，头骨碎片15块，下颌14块，锁骨、大腿骨、上臂骨和牙齿等147块。全部

◇历史丢失的真相

用擦镜头的绵纸包好，裹上药棉，再包上纸、细布、棉花，装入大木箱，然后安全送到美国大使馆。

按照预定方案，已经装好箱的"北京人"头盖骨化石连同一些其他"北京人"化石应该是在1941年12月5日早上，由美国海军陆战队负责护送，乘坐专用列车离开北京，沿当时的京山铁路向位于渤海岸边的秦皇岛进发，准备12月8日在那里登上一艘由上海往北驶的美国定期航轮——"哈里逊总统号"。

可没想到，在这个计划实施的过程中，珍珠港事件爆发了。

12月8日，日军迅速占领了包括协和医学院在内的美国在北京、天津和秦皇岛等地的机构，不仅"哈里逊总统号"中途"搁浅"，连负责运送"北京人"化石的美国海军陆战队专用列车也在秦皇岛被截。美海军陆战队的列车和军事人员，包括美在秦皇岛的霍尔姆斯兵营的人员顷刻成为日军的俘虏。而"北京人"化石在内的物资和行李则成为日军的战利品，列车与航轮没碰上面，"北京人"头盖骨神秘失踪。

二战结束后，中国、美国、日本都开展了对"北京人"头盖骨化石的寻找工作，但至今没有这些珍贵化石的下落。

1998年，以"北京人"头盖骨化石发现者之一、著名古人类学家贾兰坡为首的14名中国科学院院士呼吁有关人士行动起来寻找北京人头盖骨化石，而后有关部门发出寻找北京头盖骨

第十章 随真相丢失的国宝◇

的呼声，但由于牵涉到多个国家，寻找很难取得进展。

"北京人"化石到底在哪里，目前有四种主要线索。

化石仍在美国？1972年，美国总统尼克松访华，随行人员中一位金融家贾纳斯对"北京人"头盖骨化石丢失产生兴趣。回国后，他悬赏5000美元寻找线索。一位美国老太太声称"北京人"头盖骨化石在她手上，开价150万美元，并约定了见面地点。贾纳斯看了女士拿来的照片，但非常遗憾，并不是失踪的"北京猿人"。

化石藏匿在日本？"北京人"头盖骨撤离协和医学院后，按原计划由美国海军陆战队装上"哈里逊总统号"运往美国，但是太平洋战争一爆发，"哈里逊总统号"却成了日军的"俘虏"，化石当然也被日军截留。

1942年，日本大张旗鼓地追寻化石，当年10月，煞有介事地宣称找到了化石与此后的不了了之，形成一鲜明的对照。以日本军国主义分子的凶残和狡猾，化石如果不曾找到，他们岂肯善罢甘休？因此，化石应该仍被藏匿在日本。

化石长眠在深深的海底？曾经有人提供线索，化石装箱后，并没有运到天津，而是运往秦皇岛港，并在秦皇岛港装上了"哈里逊总统"邮船。可惜的是，邮船赴美途中遇难，沉没到太平洋海底了。这一说法，有待科学的进步及对"哈里逊总统号"

的探测和打捞才能证实。

化石还静卧在中国的土地上？中国人类学家周国兴根据多年的调查，提出了一条新的线索。在珍珠港事件爆发前夕，一个守卫在美国大使馆和美国海军陆战队总部通道门口的卫兵，亲眼看见两个人抬着一箱东西，埋在大使馆的后院里。据推测，可能是"北京人"化石。有趣的是，周国兴已经找到了这个地方，只是因为上面盖着房屋，不便发掘。事实的真相到底如何，则有待于这块神秘地域的开发。

"北京人"化石失踪，不仅是中国，也是全世界、全人类不可估量的损失。解开"北京人"化石失踪之谜，是中国乃至世界关心人类发展和学术进步的人们的愿望。

第十章 随真相丢失的国宝◇

传国玉玺

千古一璧能否重见天日

一块世所罕见的碧玉，曾在历史的长河里激起一缕缕波澜，它成了君王们垂涎欲得的"宠儿"，也成为历朝历代接力寻求的传世祥物。随着朝代的更迭，岁月的远去，千古一璧却遗失在了历史的风尘中。那么，这块玉璧又是如何失踪的呢？

春秋时期，楚国人卞和在荆山得到了一块宝石，满怀赤诚地将它献给了楚国的国君楚厉王。可是楚厉王拿着这块宝石端详了一会儿，不但没有奖赏卞和，反而以欺君之罪砍掉了他的左腿。

后来，楚厉王死了，他的儿子楚武王登基做了楚国国君。卞和又拄着拐杖来献宝。楚武王又让玉匠们鉴别。这些滥竽充数的玉匠，未能识别出这举世无双的珍宝，他们煞有介事地回奏："大王，那是块顽石，不是什么宝贝！"武王也昏聩无比，

◇历史丢失的真相

命武士砍去了卞和的右腿。

楚文王继位后，卞和仍坚持献玉，不改初衷。可是，他已经失去了两条腿，无法行走，只好让人把他抬到一处山下，那是楚文王经常路过的地方。他在那哭了三天三夜，眼泪哭干了，又哭出血来。人们无不为之感动。

楚文王派大臣前去察看，那位大臣见到痛哭的卞和，便问："你为何长哭不止？是不是受两次惩罚感到冤枉？"卞和伤心地说："我痛失双腿没有什么，伤心的是明明是宝玉却被说成是石头，明明是忠诚的臣民却被说成是骗子。"说罢，他又献上璞玉。

使者回报楚文王，楚文王深受感动，于是命人凿开璞玉，亲自验看。果然，里边是块通体晶莹剔透的硕大美玉，全无一点儿瑕疵。楚文王为这块美玉取名"和氏璧"——因为这是卞和所献的宝玉。卞和因此也受到了善待，和氏璧也成为名闻天下的瑰宝。"和氏璧"的消息很快传到了各诸侯国，各诸侯国国君都想亲眼看看这件宝玉。

从楚文王得到和氏璧开始，和氏璧在楚国的国君手里相传了370多年。公元前333年，楚国吞灭越国，楚威王因相国昭阳灭越有功，将和氏璧赐给了昭阳。可就在这时，和氏璧竟失窃了，国宝的不翼而飞震惊了朝廷内外，人们纷纷寻找这件价值连城的宝玉，但终无结果。

几十年后，和氏璧突然在赵国出现了，至于它是怎样流落到赵国的，已成为历史上的一个谜。得知宝玉流落赵国，秦国愿意以15座城来交换，蔺相如大智大勇，舌战秦王，终于"完璧归赵"。

公元前221年，秦始皇统一中国，终于得到了梦寐以求的和氏璧，并命令工匠把它雕成玉玺，即国印。秦始皇希望这枚国印能够代代相传，便命宰相李斯用篆书刻下了"受命于天，既寿永昌"这八个大字。这样，和氏璧就成了"国玺"，成了国家最高权力的象征。

和氏璧成为传国玉玺后，一个个曲折惊险的故事也由此诞生，这些都记载在《史记》这本文献中。

然而，正是因为和氏璧成了传国玉玺，才使得传国玉玺的命运多变，时而神秘失踪，时而乍现人间。如此多变的命运，是否能够最终保住传国玉玺呢？如果不能，那传国玉玺最终流落到哪里去了呢？让我们追寻历史的脚步去探寻它的最终归宿吧。班固的《汉书》和范晔的《后汉书》为我们探寻国宝的下落提供了相应的线索。

秦末天下大乱，做了46天皇帝的秦王子婴在万般无奈之下，把玉玺交给了刘邦。汉朝开国后，此玉玺便代代相传，成为皇位交接的重要表证。

传国玉玺在西汉一朝平静地度过了 200 多年，到王莽篡汉时，他向两岁的皇帝刘婴索要玉玺。他的姑母——皇太后不甘心国印落到外人手里，一气之下把玉玺摔在地上，把玉玺摔断了一角。王莽登上皇位后，把摔断的那一角修补好，其仍奉为至尊至贵的宝物。后来，东汉光武帝刘秀打败了王莽，夺回传国玉玺，此玺又成了汉家天下的象征。

此后，在一次次的改朝换代中，在一场场血腥的屠杀中，玉玺不断易主，从曹操手里转交到汉献帝，而后交给曹丕，到了公元 589 年，陈朝被隋朝消灭，玉玺又到了隋炀帝手中。贞观四年，即公元 630 年，携带玉玺外逃的隋炀帝的孙子杨政道终于把玉玺交给了李唐。这颗玉玺经北周、隋、唐，一直传到五代的后唐。后唐末帝李从珂被石敬瑭围困自焚后，这颗玉玺也下落不明了。

北宋赵匡胤开国后，就未见有传国玉玺的记载。以后的皇帝都有自己的印章，而且不止一枚，但却没了传国的玉玺。虽然后来的王朝也多有声称发现传国玉玺的，但那都是为了证明自己"受命于天"而编造出来骗人骗己的。和氏璧至此神秘消失在历史中。

时至 1912 年 11 月，冯玉祥发动兵变，把末代皇帝溥仪驱

第十章　随真相丢失的国宝◇

逐出宫，命令警察总监张璧和鹿钟麟等人寻找这枚传国玉玺，但还是没有任何结果。

时至今日，和氏璧仍不见踪影，不论是从文物的角度，还是从皇权的角度，传国玉玺都是无价之宝，可这玉玺到哪去了？何日才能出现线索并让它重见天日？这都是一个谜。

◇历史丢失的真相

敦煌莫高窟

瑰宝之地的苦难之旅

西北边陲之地,风沙漫天,一次神秘的发现,一次跨国的偷盗,引来了无数国外探险家的疯狂掠夺。他们使数以万计的敦煌莫高窟文物流失世界各地,却把毁灭的破坏和惨痛的损失留给了华夏大地。弱国乱世之中,文物也不能幸免,这无疑是一段悲哀的往事。

1907年6月上旬的一个深夜,在中国甘肃敦煌地区的沙漠里,苍茫夜色中,一支骆驼队伍匆忙赶着路。这个骆驼队,正驮着中国近代史上一次震惊世界的重大事件。骆驼队的背上,是足足29箱上万件中国敦煌莫高窟出土的5—11世纪的经卷文书、绘画及各类文物。当这29箱珍宝在英国出现后,立刻轰动了全世界,随即引来西方各国探险家对敦煌文物的疯狂掠夺,造成了中国文化史上的一次重大劫难。

第十章 随真相丢失的国宝◇

这些文物是如何被发现并被弄到西方的？这支骆驼队的主人是谁？敦煌都被弄走了哪些珍贵文物？这里面又隐藏着怎样的内幕？这一切，都离不开一个道士和一个神秘的洞穴。

敦煌莫高窟石窟群建立在今天的敦煌市东南部25公里的鸣沙山东麓的断崖上。自366年开始，经历代连续修凿，现存石窟700余个，古代雕塑3000余身，壁画4500余平方米，堪称一部中国古代艺术史的百科全书。而在20世纪初发现的莫高窟藏经洞，出土了近50000卷古代文献，成为这部百科全书中最为璀璨的明珠。

1898年左右，已过不惑之年的王圆禄道士来到了敦煌莫高窟，并一直住了下来，积极地整修当时已很破败荒凉的洞窟。某日，在中国西北之一角的敦煌，王道士偶然间打破壁画，惊讶地发现有一个洞口，里头有"白包无数，充塞其中，装置极整齐，每一白布包裹经十卷。复有佛帧绣像等则平铺于白布包之下"。王道士把这一情况报告给了当地知县。而此时的清王朝摇摇欲坠。东边，八国联军的枪炮冲破了天津的大沽炮台，正在赶往北京的路上。清政府无暇顾及这批宝物，当局只命敦煌县令检点封存，由王道士就地保管。

这时候，野心勃勃的斯坦因来了。第一个将敦煌藏经洞文物盗运到外国的人，就是这个斯坦因。1906年4月，斯坦因来

◇历史丢失的真相

到敦煌莫高窟，时任阿克苏道尹的潘震对其礼遇有加，大开方便之门。斯坦因利用各种手段说服了王道士让他进入藏经洞参观。随后，开始挑选洞内所藏文物，一直到5月28日，整整六天时间，斯坦因把藏经洞里的所有文物选了一遍，挑出了自己认为最珍贵的写本和画卷。

斯坦因后来写了本书，他这样描述自己在藏经洞里的所见："只见一束束经卷一层一层地堆在那里，密密麻麻，散乱无章。经卷堆积的高度约有10英尺，总计近500立方英尺，剩下的空间仅能勉强容下两个人。"

根据斯坦因的描述进行推算，藏经洞的容积大约是19立方米。满满的全是历代各种经卷文书画卷，有四五万卷。这些藏书不全是抄写的经书，其内容广泛得难以想象：涉及各种宗教经典、儒家经典、文学作品、戏曲剧本、绘画书法、声韵资料、乐谱、古乐舞资料、天文历法、算学、医学、酿造、冶炼、锻造、印刷、教育、农业、水利、体育竞技，等等。

斯坦因弄走的藏经洞文物，后来绝大部分藏在大英博物馆。现在大英博物馆内的敦煌文物，仅从文字来说，有汉文、突厥文、西夏文、吐蕃文、回鹘文、粟特文、佉卢文、梵文等，对于研究这些古老文化有着不可估量的价值。文献内容几乎涉猎了各个领域：天文地理、医学穴位图、军事文书、世道小说、舞谱曲谱、算经、字帖、周易占卜、地契、卖身契，甚至还有当地学子的习字画稿。

斯坦因是第一个进入藏经洞的学者，也是历史上第一个详细勘察藏经洞的人。斯坦因在把藏经洞的所有文物全部挑选了一遍后，曾想用2000两银子弄走藏经洞里所有的东西，但王道士没答应。经过讨价还价，王道士允许斯坦因用200两银子换走之前挑选出来的画卷和写卷文书，再加上55捆典籍写卷。这就是斯坦因和王道士之间的第一次交易。后来，他们又进行了第二、第三次交易。

1907年10月8日，斯坦因的驼队离开甘肃。至此，敦煌藏经洞文物开始向世界流失。斯坦因心满意足地回到了英国，当这些文物在英国一露面，立刻轰动了世界。同时，王道士也迎来了一批又一批的掠夺者。

1908年2月25日，"识货的"法国人伯希和出现在莫高窟前。他一头扎进藏经洞，"惊得呆若木鸡"的伯希和自称"每小时阅百卷，浏览典籍之速，堪与行驶中的汽车相比拟"。精通中国历史的伯希和斩获颇丰。

同年10月，伯希和到达北京，随即把绝大部分敦煌文物偷偷运往法国巴黎。同时伯希和留下了一些自己感兴趣的文献，在对人炫耀的时候，引起了中国一些学界人士的注意。至此，

◇历史丢失的真相

敦煌藏经洞文献流失的事情才在中国学术界公开。

1910年,清政府下令将剩余藏经洞文物运往京师图书馆。当时的相关文件数字显示是:18箱。这18箱文物,也仅仅才8000多卷。且就是这剩下的8000多卷,在最后运往京城的路上也是边走边丢,每到一地都要遭受当地官员雁过拔毛式的掠夺。

这就有一个问题,藏经洞的藏品大约有40000件,斯坦因拿走的有万卷左右,伯希和拿走了大约6000件,但最后运到京师图书馆的却只有8000多卷了。这里似乎存在着至少一两万卷的缺口。这么多文书跑哪儿去了?

伯希和离开敦煌后,王道士见奇货可居,胆子越来越大,开始私藏经卷文书。但具体数目不详,只知不停地有外国人为了这些宝藏纷至沓来,找到王道士,而王道士也能不断地拎出一捆捆的文书。

1912年,日本的橘瑞超和吉川小一郎探险队到达敦煌,从王道士手里弄走500余卷文书。

1914年,斯坦因再次来到莫高窟,用500两银子从王道士手里弄走570卷文书。

1914—1915年,俄国鄂登堡探险队剥走北魏、隋、唐、五代等各时期壁画多方,并盗走一些塑像。他们拿走的藏经洞遗存文书具体数目不详。

第十章 随真相丢失的国宝◇

1924年，美国人华尔纳到达敦煌，此人堪称不折不扣的强盗。得到藏经洞文书三卷，并盗走唐代供养菩萨一尊。随后用特制胶布粘走珍贵壁画中他认为最为精彩的部分，总面积32006平方厘米。华尔纳在揭取壁画时采取的方式极其无知、愚蠢、拙劣、粗暴，导致珍贵的千年壁画受到了永久性的摧毁。

至此，藏经洞足足40000多卷的古代文献大部分被劫往国外，分散在世界各地。

作为20世纪世界上最伟大的考古发现之一，敦煌藏经洞文物的惨痛流失，成为中华民族的一段无法抹去的伤心史。

一个令人惊叹的瑰宝之地，因为一个道士的发现，自此开启了苦难之旅……令人痛心之余，让人看到了一个道士的罪与罚，看到了无数列强的盗夺与无耻，也看到了没落大清的虚弱和无能。

◇历史丢失的真相

"昭陵六骏"
珍贵石雕惨遭偷盗与"碎尸"

在昭陵前，六骏浮雕石刻跨越千年风雨，不离不弃，仿如岁月的守护神。它们或立或奔，或行或跃，无不形神结合，曲尽其态。那勇武、刚烈的状貌，无不使人追想唐人画马的雄壮风格和六马驰骋沙场的雄姿。然而，这些传世的石刻瑰宝，却没能躲过强盗的罪恶之手。

民国初期，中国文化界发生了一件举世震惊的大案。这就是在1914年和1917年美国文化间谍勾结陕西军阀盗窃昭陵六骏浮雕偷运出境的事件。经过陕西人民的拦截抗争，终于保存下四幅，其中最好的两幅却流失海外，迄今未能物归原主。

所谓"昭陵六骏"是指唐太宗李世民的六匹战马。在唐朝开国战争中，它们先后为主人乘骑出战，陷阵摧敌，立下了不朽功劳，它们的名字分别是：飒露紫、拳毛䯄、白蹄乌、特勒骠、青骓和什伐赤。

唐贞观十年（公元636年）十一月，李世民埋葬长孙皇后之后，诏令雕刻这六匹骏马，它们既象征唐太宗所经历的最主要六大战役，同时也是表彰他在唐王朝创建过程中立下的赫赫战功。据说六骏由唐初大画家阎立本绘制画稿，挑选优秀工匠刻在高1.7米、宽2.05米的6个石屏上。李世民为各骏亲题赞语，由大书法家欧阳询书丹于原石上角，殷仲客用隶书刻于座上，被称为"三绝"。这是一组纪念碑式的浮雕，内容反映了真实的历史事迹，将神勇的六骏生动地再现在汉白玉大理石上。真可谓"秦王（李世民继帝位前被封为秦王）铁骑取天下，六骏功高画亦优"。20世纪初，鲁迅到西安讲学时见到六骏的神采，深情赞曰："汉人墓前石兽多半是羊、虎、天禄、辟邪，而长安的昭陵上，却刻着带箭的骏马，其手法简直前无古人。"

但是，正是这前无古人的六骏，却在惨遭"碎尸"后，差点全部被盗运到美国。事情到底是怎样的呢？

据记载，19世纪后期，欧洲出版过一本《世界名马图》，其中有一匹马便选自昭陵六骏。此后，昭陵六骏的照片和拓片就经常出现在中外出版的有关中国美术的书中。清末民初，英国驻华公使把昭陵六骏缩小的拓本带回伦敦，建议英政府收买昭陵六骏未果。这样就使昭陵六骏在西方的名声越来越大。

◇历史丢失的真相

1913年，一个法国的古董商，想抢在一个德国古董商之前弄到这些石骏，但在飒露紫、拳毛䯄两骏被盗运下山时，被当地农民拦截，混乱中，石骏被推下山崖，后被当时的陕西军政府都督运到西安南院门保护起来。

关于二骏后来是如何从西安运送到北京的，历来争论不一。

有人认为，1914年美国文化劫掠分子毕士博受美国费城宾夕法尼亚大学博物馆的派遣，披着"汉学家""考古学家"的外衣，假借考察之名来华，勾结当时陕西督军陆建章及地方官吏，以24万银元盗卖了六骏中最优秀的两骏，即飒露紫和拳毛䯄。盗运时，他们曾向群众谎称将此两骏运往省城保存。就这样，在反动军阀的庇护下，两骏被美帝国主义盗运而去，现存在宾夕法尼亚大学博物馆。1918年，他们又来盗窃其他四骏，从渭水用筏载之东下，被西安政府骑兵追至潼关截获。盗掠者为了便于装运，掩人耳目，竟将完美石雕无一例外地击成小块。

也有人认为是毕士博勾结中国古玩奸商黄某，在袁世凯的儿子袁克文和袁世凯的特务头子陆建章的包庇下，于1914年把飒露紫和拳毛䯄两块石雕运到美国去了。据学者陈重远先生考证，毕士博重金收买了北京琉璃厂遵古斋老板黄鹤舫（一作赵鹤舫），此人结识许多达官贵人，与袁世凯之次子袁克文关系密切，传说与其拜过把兄弟，借袁克文之手取得了袁府运送物品的专用封条。黄鹤舫拿着袁克文写的一封信来到西安,找到袁世凯的亲信、外放陕西当督军的陆建章。信中说大总统要修袁氏花园,将昭陵六骏放在园中点缀。陆建章觉得六骏都拿走恐怕不好办,就从中挑了最好的两骏飒露紫和拳毛䯄,打断成数块装箱,派兵护送,畅通无阻地运到北京,转手交给毕士博。而在几个月后,二骏神乎其神地到了文物商卢芹斋的手里。

事情的真相到底是什么,至今仍没有统一说法,因此这也成为我国近代国宝被盗的一件悬案。但不管是通过何种途径,最终这二骏都落到卢芹斋手里。

1916年2月,宾大博物馆新建圆形无柱穹顶陈列大厅开放,经过毕士博牵线,馆长高登邀请卢芹斋前来参加开幕典礼,高登希望卢芹斋提供包括两骏等中国最好的文物在此大厅展出。到1918年5月,卢芹斋把两骏运到费城并开价15万美元。到1920年年底,有个叫艾尔德里奇·约翰逊的美国人,给宾大博物馆捐了这笔钱,宾大又与卢芹斋讨价还价,最终以12.5万美元成交。现在,宾大博物馆两骏石刻的解说牌上,还有"约翰逊先生捐赠"字样。

成功盗运了二骏之后,1917年,毕士博再度来华,又联系上了黄鹤舫,密谋让黄来到西安,买通了陕西督军陈树藩的父亲陈配岳,打通了关节,把四骏打断成多块,装入木箱,运到

◇历史丢失的真相

西安北郊渭河岸边的草滩。为掩人耳目，悄悄地装上船，企图由水路运出陕西，但被礼泉县士绅发觉，立即张贴布告，反对把国宝运出陕西。西安爱国民众也纷纷进行抗议和声讨。当盗运之船东行到渭南县时，渭河北岸张钫、郭坚等起兵反陈，船只被阻。陈树藩见众怒难犯，只好派人将船追回，四骏交陕西省图书馆保存。

举世无双的艺术品就这样被贪婪的盗宝贼打断，后来虽然有专家对其进行修复，且不论修复后效果如何，国人痛失国宝的伤痛是永远难以修复的。